智读汇

连接更多书与书,书与人,人与人。

体验曲线

让企业盈利恒丰的365个体验

蔡伯伟 著

当代世界出版社
THE CONTEMPORARY WORLD PRESS

图书在版编目（CIP）数据

体验曲线：让企业盈利恒丰的 365 个体验 / 蔡伯伟著. -- 北京：当代世界出版社，2019.1
ISBN 978-7-5090-1455-4

Ⅰ．①体… Ⅱ．①蔡… Ⅲ．①企业管理 Ⅳ．①F272

中国版本图书馆 CIP 数据核字（2018）第 224864 号

体验曲线：让企业盈利恒丰的 365 个体验

作　　者：	蔡伯伟
出版发行：	当代世界出版社
地　　址：	北京市复兴路 4 号（100860）
网　　址：	http://www.worldpress.org.cn
编务电话：	（010）83908456
发行电话：	（010）83908409
	（010）83908377
	（010）83908423（邮购）
	（010）83908410（传真）
经　　销：	全国新华书店
印　　刷：	北京宝丰印刷有限公司
开　　本：	880mm×1230mm　1/32
印　　张：	12.5
字　　数：	280 千字
版　　次：	2019 年 1 月第 1 版
印　　次：	2019 年 1 月第 1 次印刷
书　　号：	ISBN 978-7-5090-1455-4
定　　价：	49.90 元

如发现印装质量问题，请与承印厂联系调换。
版权所有，翻版必究，未经许可，不得转载！

名人推荐

虽然移动互联网改变了客户的消费模式,但传统媒体在客户的体验旅程当中依然有着很关键的位置。比如户外广告,就能协助用户更好地理解到企业的资讯,从而作出购买的决定。伯伟的"品牌一世",提到品牌需要与客户无界互动,线上固然重要,线下也不能忽略。这本书中的案例,说明全渠道互动对企业能带来1+1>2的价值。书中的国内外案例,对营销人员是很丰富的营养剂。

博纳户外广告有限公司(POAD)行政总裁兼创始人　江建业

智慧城市给市民带来的是更好的生活体验。要创造好的体验,一定要坚持用户导向。《体验曲线》正是引导企业从用户出发的一本书。关键的一个学习点是,企业的目的不应以盈利为本,而是给客户和员工设计出非一般的体验。因为只要达到这个目的,盈利必定恒丰。这个逆向思维,对于初创企业来说,值得深思。

香港创科汇主席　林永亨

在移动互联网时代,客户体验决定了用户的选择,特别在内容设计上。比如,网红、产品、故事的配搭,只要到位,往往能产生一传十、十传百的效果。伯伟的品牌体验设计框架,重新定义品牌,让读者对品牌营销有不一样的理解。

湖南卫视《我是大美人》副总经理、长沙市政协委员　胡智翔

体验曲线
让企业盈利恒丰的 365 个体验
EXPERIENCE WAVE

我每天都会接触到不同管理理念的人，但伯伟对体验设计的钟爱及执着，在业内少见。体验曲线有一个理念，就是"把体验旅程的起落，化成用户体验的喜乐"。诚然，企业总有兴衰，但这其实都是一个必经的历程，只要坚持不懈地创造出良好的体验，赢得客户和员工的信任，企业就能长盛不衰。

香港管理专业协会总经理　胡志君

体验设计是受到中外业界肯定的研究题目。这本书的设计本身也是绝佳的阅读体验，365篇小短文，无图案，只有精练的文字。伯伟亦留下私人微信二维码，继续与读者交流体验设计，这也符合当下流行的O2O模式。体验曲线，就正如客户体验之父约瑟夫·派恩所说，是一个非常有价值的工具，值得读者认真学习领悟。

上海国际广告节组委会 执委会副秘书长　许文超

伯伟在中文大学修读营销硕士学位的时候，已经明白客户体验的重要性。毕业后一直致力把所学的应用在工作上，并整理成《体验曲线》。他在全球最大服装制造商之一的晶苑集团实践员工体验，也取得了良好成果。此外，伯伟亦灵活运用了我创立的"左右圈"概念。简单而言，左圈代表客户需要，右圈代表企业优势，而中间重叠部分为现时客户的满意度。左右圈的关键就是用户为主，而《体验曲线》里提出的"品牌一世、客户一位、员工一路"，也符合这个方向。这本书有助读者提升换位思考的能力。

香港中文大学逸夫书院院长　陈志辉

员工如水，水能载舟，亦能覆舟。所以，任何追求长青的企业，都应该协助员工与企业一路同行。伯伟的《体验曲线》，给"员工一路"构建了系统化的框架，从企业文化到团队资本到人才梯队，协助企业创造良好的员工体验。

香港铁路有限公司管理训练及组织发展主管　曾永昌

企业想要长青不老，关键是企业在对的时间（生命周期）做对的事（品牌体验、客户体验、员工体验）。对于本书的读者来说，本书不仅仅是介绍了"品牌—客户—员工"的体验设计框架，更重要的是希望读者能学习到其中的体验思维，而这种思维，就是打开体验宝藏的钥匙。

沃博联亚洲采购前高级总监　叶德政

伯伟在体验设计领域实战了20多年，如今费尽心血终于完成了《体验曲线》一书。通过书中的365篇短文，伯伟想要传达的，就是让企业以客户为核心，令每一个触点创造成为客户的选择，打造以客户为主导的自主体验旅程。

体验设计研究员　黄中文

自 序

这本书的诞生可谓是一个梦想成真的过程。我小时候不怎么喜欢念书,到了中五(内地的高中),才开始爱上学习,一发不可收拾。1990年我出国学经济,1995年毕业后回国成为英资太古集团的培管,1996年被安排在内地各城市负责可口可乐的推广工作。期间,我看过的书不少,却发现内容千篇一律,读了《老庄》《易经》等经典作品才明白,万变不离其宗,便开始尝试建立一套管理体系,希望在不同企业任何情况都能够应用得上。

香港是一个中西文化合璧的地方,能集各家之大成,我相信自己在这样的环境中能给管理学带来些新的突破,这是我当时愚昧天真的想法。经过无数次与不同的人交流以后,我便深深体会到"井底之蛙"的意思。这里要感谢对体验曲线给过反馈的人,特别是曾说"香港不是搞学问的地方,你又不是哈佛毕业,更不是麦肯锡的顾问,注定白干"的一位客户。我有好几年,彻底放弃了研究,踏实地工作。

但命运很有意思。2003年,我莫名其妙读硕士继续深造,本来专业是电商物流,后来发现这个专业我并不适合,就转去读营销。因为这个原因,我重燃对体验曲线的热爱,也是在这个时候,接触到《体验经济》(*The Experience Economy*)一书。这本书可以说是我人生的转折点。就是体验经济的"体验"两个字,让我开始构思本书的框架。体验,原来就是宗。2015年,我与《体验经济》的作者约瑟夫·派恩(Joseph Pine)在青岛见面,得到他对体验曲线的认可,成为了他在大中华的合作伙伴。因此,写这本书有三个目的:一是中西合璧做出一

体验曲线
让企业盈利恒丰的 365 个体验
EXPERIENCE WAVE

套能放诸四海的管理概念,协助企业把体验做好;二是让企业通过掌握体验设计思维,凡事多从利他出发,从而实现共赢;三是最重要的原因,以此书庆祝老妈70大寿,感恩老妈养育之恩。

最后,感谢多位好友不离不弃的支持,包括胡静儿、陈肇良、叶德政、黄中文,以及各位关注此书的好朋友。这本书由365篇短文组成,文中没添加更多颜色,似有很多不完善的地方,读者若有任何意见和问题,欢迎与我交流。期待与读者们见面,丰富彼此之间的体验。

蔡伯伟

目 录 CONTENTS

001 第一章
体验曲线 初体验

069 第二章
品牌体验 入门

095 第三章
品牌体验（一）企业战略

121 第四章
品牌体验（二）品牌价值

147 第五章
品牌体验（三）无界互动

173 第六章
客户体验 入门

199 第七章
客户体验（一）工作目的

目 录 CONTENTS

225 第八章
客户体验（二）体验旅程

251 第九章
客户体验（三）体验创新

277 第十章
员工体验 入门

303 第十一章
员工体验（一）企业文化

329 第十二章
员工体验（二）团队资本

355 第十三章
员工体验（三）人才梯队

第一章 体验曲线

初 体 验

体验曲线
让企业盈利恒丰的 365 个体验
EXPERIENCE WAVE

什么是体验曲线

体验曲线即企业的生命线,贯穿于客户、员工、品牌之间,好、中、差的体验形成了曲线的起落。有效掌握曲线变化,化曲线起落为体验喜乐,便能盈利恒丰。体验之所以重要,是因为产品容易抄袭,服务容易模仿,唯独体验是企业和用户共创而来的,体验对于用户来说,是唯一的。

C·K·普拉哈拉德(Prahalad, C.K.)和文卡特·拉马斯瓦米(Venkat Ramaswamy)在2004年的一篇文章《共同创造体验价值》(*Co-Creation Experiences: The Next Practice in Value Creation*)中认为,传统价值创造方式已经改变。生产者不再是唯一的价值创造者,消费者也不是纯粹的价值消耗者,而是与生产者互动的价值共创者,亦即体验共创。价值共创,就是企业与客户合作创造价值,它既不是企业取悦于客户的手段,也不是客户通过参与为企业创造价值,而是企业和客户作为对等的主体共同为彼此创造价值的过程,两者在价值共创过程中通过持续的对话和互动共同建构个性化的体验、共同确定和解决需要解决的问题。

 体验笔记

第一章
体验曲线 初体验

体验曲线初体验

"曾经有一份真挚的爱情摆在我面前……人世间最痛苦的事莫过于此……如果上天可以给我个机会再来一次,我会对这个女孩说我爱你。如果非要给这份爱加上一个期限,我希望是……一万年。"

这段深情款款的台词,就算听了几十遍,每当快要播出这一幕的时候,我们还是会引颈期待。期待的可能是至尊宝非卿不娶的无奈,也可能是紫霞仙子非君不嫁的肯定。但最有可能的,其实是一种体验,就像周星驰的电影,难以名状,却无可取代。这种百看不厌的体验,就是不缺产品、服务泛滥的红海市场里的必杀技!

早在1998年,《体验经济》的作者约瑟夫·派恩就指出,体验是企业的竞争力。在移动互联网时代,抄袭模仿远胜创意,今天所谓的好产品,明天可能会一文不值。如果企业继续产品服务思维,就会一直停留在竞争激烈的红海。唯有体验,才能让用户念念不忘,反复回味那一段曾经。好的体验,如鱼得水,鱼不会察觉到水的存在,因为自然,因为习惯。当用户与企业的关系变成习惯,哪怕旅程中经历高低起伏,都会是宝贵的经历。

体验笔记

企业生命周期

一年有春夏秋冬四个季节，人也有逃不过的生老病死，而企业的生命周期，就两个阶段：零到一，一到恒。企业想要追求恒久丰盛，需要掌握好利润公式的三个核心元素：品牌体验、客户体验和员工体验。这样才能稳步从零到一，再从一到恒。

一般来说，在前期，零就是企业的起步，内部未成形，外部没拓展。求生，大概是大部分处于零阶段企业所面对的难题。所以，客户非常关键。第一个客户到底从何而来？有了第一个，如何获取第二个？有了第二个，又如何确保第一个留下来？客户的来源，是从零到一要解决的问题。当企业有了稳定的客源，就算是进入了一的阶段。这个时候，企业就开始考虑，如何从一到恒，成为长青企业。

所谓创业难守业更难。要恒丰，企业需要不断创新。管理之父彼得·德鲁克（Peter Drucker）指出，企业只有两个基本功能，即营销和创新。创新，是为了应对竞争对手和满足用户需求。当然，能否创新就要看企业自身的能力。企业的生命周期能否得以延续，在于三个利润元素的整合。

✎ 体验笔记

利润之源

有只蝎子想过河,但是它不会游泳,于是找到一只青蛙,拜托青蛙背它过河。青蛙说不行,如果我带你过河,你会用毒针刺死我。蝎子说,我不会那样做,如果我刺了你,我也会被淹死,于是青蛙就答应了它。可是到了河中间,蝎子还是用毒针刺了青蛙,青蛙临死前问蝎子,明知道我死你也活不成,为什么还要攻击我呢?蝎子回答:"对不起,这是我的本性。"

很多企业的本性,就是赚钱,最终下场便和蝎子无异。利润固然重要,但利润并不是企业的经营目标。那企业的目标到底是什么?万变不离其宗。寻找答案,从宗出发,也就是回到利润公式。最普通的利润公式就是:利润 = 收入 − 成本。

企业想要增加利润,就要提高收入、降低成本。提高收入,传统做法就是研发新产品,降价抢销售,但市场从来没有独孤求败,只要一家企业有任何风吹草动,多米诺骨牌效应就马上展开。最终,就是惨烈无序的竞争和一场场以暴易暴的价值战。至于控制成本、策略性裁员、无止境地加班,也只不过是治标不治本的措施。

体验笔记

体验曲线
让企业盈利恒丰的 365 个体验
EXPERIENCE WAVE

005

新利润公式

产品若无价值，哪怕免费，也不会有市场需求，服务若无新意，哪怕极致，也会让市场厌倦，更何况多米诺骨牌效应本就是抄袭的代名词。今天让企业成功的，明天就能让企业失败，诺基亚、柯达便是经典案例。唯独体验，从用户需求出发的产品，才能让用户感受到从陌生，到相遇相知，再到深爱的阶段。

体验经济下的利润公式，依旧是收入 – 成本 = 利润。不同的是元素。不再只是新产品好服务，而是好客户体验强化用户黏度，鼓励重复购买，制造口碑营销，使客户份额转变成市场份额，企业收入稳步提高。不再是裁员加班，而是好员工体验，使每位员工为了客户和企业三赢，多走一步，加倍努力。但盈利能否持续发展，就是盈利恒丰，还有最后一个元素——品牌体验。好的品牌体验犹如夫妻，用户甘愿在人生旅程中与品牌从一而终，不离不弃。

品牌，是企业给用户的一个承诺。只要守住这个承诺，爱就不会衰弱。客户、员工、品牌，就是新利润公式的核心元素。而企业的目标，就是实现"客户一位、员工一路、品牌一世"。盈利恒丰，就是达到目标的结果。体验，就是企业的竞争力！

 体验笔记

换位思维

换位思维是设身处地为他人着想,即想人所想,是体验设计中的关键元素。体验与产品和服务最不一样的地方,就是体验设计并不是从企业出发,体验好与不好,不是企业说了算,而是用户说了算。一直以来,用户只会通过"招聘"有价值的方案来获取好的体验。如果方案能有效地协助用户完成工作、解决用户痛点,或者创造出意想不到的乐点,就会给用户带来好的体验。

方案的设计,应该更多从体验出发,而不是基于产品思维或者服务思维。从产品或服务的角度去设计方案,最终难免会回到企业导向模式,远离客户导向,违背体验曲线的核心。康奈尔大学心理系教授托马斯·季洛维奇(Thomas Gilovich)指出,快乐源自体验,而不是东西。"东西"只会带来短暂的欢愉,因为体验才能留下难忘的回忆。

IDEO,全球创新的设计公司,提出了设计思维的五个步骤:共情、定义、构想、制作和测试。第一步共情,其实就是换位思维,所以,换位思维,是体验设计的关键点。

体验笔记

体验曲线
让企业盈利恒丰的 365 个体验
EXPERIENCE WAVE

企业目的

企业的目的不是盈利,而是"客户一位、员工一路、品牌一世",盈利只是结果。一家企业要盈利恒丰,三个利润元素缺一不可。

如果只是做好其中一个元素,距离盈利恒丰仍有一大段距离。企业做好其中两个元素,也只不过是一个进程。企业要同时做好三个元素,才能走向盈利恒丰。这个循序渐进的路径,符合企业生命周期的步伐,也就是"零到一,一到恒"的框架。

企业刚开始的时候,都在寻找方向,为生存而拼命,更多的是产品思维,但产品思维不会给企业带来竞争力,因为在产品上竞争,等于进入了红海市场。所以,此时企业若能从"客户一位"出发,从产品转向体验,便能稳住其中一个关键元素。至于另外两个元素,品牌和员工,在"零到一"的时候,可能没多余的精力去关注,但这个短暂的忽略对于始创企业的存活不一定带来关键的影响。

当"客户一位"见成效,企业便需要处理品牌和员工另外两个利润关键元素。在"零到一"的阶段,到底是以品牌为先还是以客户为先,则需考虑这个方案在市场上是否拥有先动优势。如果有先动优势,企业可以考虑先从客户出发;如果市场已经有服务商,则从品牌出发。

✒ 体验笔记

触点初体验

要有效掌握体验曲线，先要理解触点为何物。简单地说，触点就是互动时刻，而这个互动，可以是人与人，也可以是人与环境、人与信息、人与物件等。比如，用户到肯德基吃午餐，第一个触点可能是人与招牌，第二个是自动门，第三个是店内氛围，然后一直延伸下去，便成为用户和肯德基的体验旅程。体验由触点而生，所以，每个触点都可能决定整个体验过程。比如，肯德基的自动门坏了但没张贴告示，害得用户傻傻地等，这个自动门的触点便给客户带来差的体验。因此，触点的设计与管理对企业来说是非常重要的。

触点管理，可以从三方面入手：

1. 单一触点。
2. 体验旅程里触点与触点之间的互动和整合。
3. 目的实现，就是整个体验旅程完成后，用户原本的需求是否得到满足。

触点易学难精，犹如中国象棋。棋友要知道各棋子的走法，一点也不难，但要把每步棋都走好，达到百战百胜，需要的不仅是深谋远虑、谨慎行事，更多的还是换位思考。

体验笔记

体验曲线
让企业盈利恒丰的 365 个体验
EXPERIENCE WAVE

触点管理

要管理好触点,首先需要理解触点如何影响体验。单一触点,影响的是一次互动的体验,若某个单一触点能给用户带来好的体验,用户便会继续旅程,否则,用户很有可能转身离去。

比如,用户逛商场闻到很香的面包味,又恰巧有点饿,便会因为香味被吸引过去。这个单一触点带来的好体验,就是面包香味唤醒了用户的食欲,由此给了用户延续旅程的理由。

好的单一触点会引出下一个触点,所以触点和触点之间的互动以及整合,也就是整个旅程的连贯性和一致性,对用户体验来说也是一个重要部分。当旅程结束后,用户在乎的是整个旅程的满意度,这就是最终的体验。

用户买了面包,享用面包的那一刻,发现面包很难吃,大失所望,以后就算再次经过这家面包店,可能也不会再光顾。更坏的情况是,用户把这次差体验在自己朋友圈吐槽,影响到更多的潜在用户。这家面包店,因为没有兑现品牌承诺,破坏了体验,最终导致人财两失。所以,企业要从用户角度理解触点,从单一触点、体验旅程和旅程目的各方面来践行体验曲线。

体验笔记

单一触点之触点体系

"有一天,兔子和乌龟赛跑,兔子嘲笑乌龟爬得慢,乌龟却说,总有一天它会赢。兔子说,我们现在就开始比赛。兔子飞快地奔跑,乌龟拼命地爬行,不一会儿,兔子就超过乌龟很大一段距离。兔子认为比赛太轻松了,要先睡一会儿,并且自以为是地觉得乌龟再怎么爬,也不可能比自己快。而乌龟呢,一刻不停地爬行,当兔子醒来的时候乌龟已经到达终点了。"大部分用户对"龟兔赛跑"的故事并不陌生。但这个经典的寓言故事,是怎么家喻户晓的?

其实,企业只要换位思考,理解用户的购买行为,便也能像伊索寓言一样,历久不衰。学校老师的分享、书店上架摆放、朋友聚会的拉家常话题、互联网文章链接推送等,都能让用户接触到伊索寓言。而不管哪一个渠道,听过故事的用户,只要被内容打动,就会牢牢地记住,并活学活用。伊索寓言通过不同渠道进入每一个人的世界,每一个渠道都产生着无数的触点,这些触点到底如何发生作用,使得它常青?

原来,触点体系有两大部分:触点种类;触点元素。

体验笔记

单一触点之触点分类

关于触点的分类方法有很多。有的以属性分类，比如品牌触点、客户触点；有的以功能分类，比如系统触点、产品触点。体验曲线则将触点分为有形和无形两类。

有形的触点是用户可以通过五官接触到的，而无形触点基本上都发生在用户的脑海里。比如，用户准备吃午饭不经考虑就选择必胜客，原因是必胜客的品牌体验已经深深地印记在用户脑中。所以，在体验旅程里，无形触点的影响力往往比有形触点大许多。

对于一些新品牌来说，在市场还没有任何知名度的情况下，可能有形触点比无形触点更具潜在价值。比如，星巴克成立之初，很少做广告，就是通过实体店的品尝体验，让用户流连忘返，口口相传，从而获得市场认可。以至于现在，星巴克几乎是咖啡的代名词，用户要提神，脑子里就会想到星巴克。

在互联网时代，占据脑海比占据眼球更重要，无形触点成为企业的必争高地。谷歌也提出了零接触营销术理论，就是说用户现在已经不需要到实体店，只需通过网上搜索，就能作出选择。这方面，大众点评就是最佳例子。

不可否认的是，有形触点，对于在"零到一"阶段的企业来说，还是很有必要的。

体验笔记

单一触点之触点元素

触点种类让企业更好地考虑体验旅程的设计,而触点元素,便是协助企业更具体地掌握触点布局的工具。

体验曲线将触点定义为五个元素,分别是环境、个人、信息、产品和工具。以用户买书为例,当中的触点元素包括:用户和书店的互动(环境)、与其他用户的互动(个人)、与服务员的互动(个人)、与书店指示牌的互动(信息)、与书籍的互动(产品)、与购物袋的互动(工具)。

在互联网这个从来不缺产品的市场里,想要找到更好的产品,唾手可得,但要寻求更好的体验,却难了很多。所以,企业需要换位思考,从用户角度出发,谱出其在体验旅程中的每一个触点,并按触点元素设计用户体验。设计出好的体验,才会让企业拥有持续的竞争力!

体验笔记

体验曲线
让企业盈利恒丰的 365 个体验
EXPERIENCE WAVE

关键触点

触点的连线，构成体验旅程。其中，每个触点对用户来说都有不同的价值——有的至关重要，有的却无关痛痒。比如，用户因米其林的推荐去了三星餐厅用膳，餐厅的环境、客服、菜单等都很好，但菜品口感却让用户大跌眼镜。那么，就算是米其林推荐，用户也不会二次光顾，甚至会对米其林的餐厅介绍产生芥蒂，相比餐厅环境，菜品口感才是关键。

关键触点，是决定体验旅程长短的触点。在这关键时刻（moment of truth, MOT），企业满足用户便能使旅程得以延续，反之，旅程会提前终止。所以，对于企业来说，是否掌握好关键触点，攸关生死。

需要注意的是，关键触点做好了，并不意味着企业就可以忽略其他触点。客户导向的企业，在设计体验的时候，会考虑如何保证旅程的质量，让用户每次的经历旅程，都能获取一致的好体验。所以，企业在设计体验旅程的时候，除了要杜绝一切有可能破坏关键触点的因素，其他触点也需要争取做出好体验，给用户意外的惊喜。

体验笔记

第一章
体验曲线 初体验

体验旅程

体验旅程从线下到互联网,再到移动互联网,一直在不断地演变,而体验旅程中的触点,也从传统的直线AIDA(Attention, Interest, Desire, Action)走向多维度的无处不在。

体验旅程是用户和企业的一个互动过程。这个过程的起点,一般有二,关乎企业品牌体验的深浅与客户的黏度。如果客户黏度强,即客户对品牌有依赖性、习惯性,那这个体验旅程的起点实际就在客户的心里,客户是习惯性地与品牌互动,品牌已经是客户生活不可缺少的一部分。如果客户根本没有听说过品牌,那起点就在线上,因为客户一般都在线上搜索所需信息,这也是谷歌(Google)所提出的零关键触点(zero moment of truth, ZMOT)。零的原因,是因为宝洁(Procter & Gamble)在还没有移动互联网的时候,便提出了第一关键时刻(first moment of truth, FMOT),指客户第一眼看到货架上产品的那关键的3~7秒,会决定是否去购买产品。如果体验设计到位,客户和企业的体验旅程是不会有终结的,因为客户会不断复购。

体验笔记

互联网与体验

线上的触点不如线下的多姿多彩，但这并不代表线上的触点比较容易处理。线下，或者实体，是人与人的互动，动用了五官去感触，所以在设计体验的时候，需要考虑更多细节。很多时候，能打动用户内心的，就是这多迈出的一步。而线上，是人与机的互动，缺乏了立体感，要在二维和虚拟上立足，除了科技，还要动脑筋。两个平台的本质不一样，决定了用户的期望有所不同。用户不会期望在查阅大众点评的时候闻到饭香，但用户会要求登入的速度要快，展示的信息要足够丰富和全面，还要让用户能便捷地分享个人体验。

互联网，让用户追求更快、更好、更值！互联网到底如何改变用户？在移动互联网渗透各行业的今天，信息泛滥、时间贫乏，用户的追求变成简易、快速。在走马观花的情况下，线上旅程不宜过分繁琐，否则只会招来用户不满，导致体验很差。旅程从来不是单行道，用户面对更多的是线上线下的整合形成全渠道，当中的变化就更为复杂。企业除了需要顾全大局（体验结果），更需要考虑细节（体验过程）。企业只要持续给用户带来好体验，便能够赢得客户份额和市场份额。

体验笔记

互联网思维

与互联网思维相关的概念，层出不穷，数之不尽，比如"颠覆"、"跨界"、"互联网+"、"+互联网"、"O2O"、"C2C"、"F2C"、"碎片化"、"大数据"、"场景"、"微商"……互联网思维，到底是什么？互联网，根据维基百科定义，是网络与网络之间所串连成的庞大网络。而这个网络，又如何改变客户的消费行为？实际上，互联网先把世界变平了，再把信息传播时间缩短了，然后将人与人的距离拉近了，最后让触点海量化了。而当"互联网+移动"，客户的购买习惯就彻底被颠覆了！但客户对于品牌的要求，从来没有改变，依然是以价值为主导。只是互联网加快了口碑的传播，不管是好的还是坏的体验，一旦被分享，品牌就赤裸裸地站在市场面前，影响着客户的最终购买决定。品牌只有把客户体验做到极致，与众不同，才能走上盈利恒丰之路。互联网思维如果缺乏"客户一位"的养分，也就只不过是企业用来吸引投资者的伎俩，而这个泡沫，终会爆破。

📝 体验笔记

体验曲线
让企业盈利恒丰的 365 个体验
EXPERIENCE WAVE

各花入各眼

全球领先的客户体验研究机构弗雷斯特（Forrestor Research）花了14年时间，对客户体验进行了研究，发现体验是决定企业利润正负的关键。企业需要理解体验的定义，才能创造好体验，实现盈利恒丰。

以下的体验定义，来自不同用户：

1. 感觉与被感觉。

2. 体验是消费之后的回忆，可能会忘记之前的需求，但不能忘记愉悦的体验。回忆，就是最终体验。

3. 体验是印象评估。

4. 接触中参与部分触发的感觉，或者有什么收获。

5. 体验是对自己需求得到满足的感觉。

有两层含义：第一层，有需求才有体验；第二层，体验是种感觉，无法实质度量。另一个考虑是：第一，没需求也有体验；第二，感觉与期望对比，能量度，好中差，但好中差都是间接指标。

各人有各自的定义，那体验到底是什么？

体验笔记

体验到底是什么

人们常把体验定义为感觉。但感觉是什么？最基本的感觉有喜怒哀乐四种，那么喜是什么？悲又是什么……这将会是没完没了的定义。所以，将体验定义为感觉，就等于没有给体验一个有效的定义，因为这种定义是抽象的。管理之父彼得·德鲁克有句名言，"无法度量就无法管理。"那体验到底是什么？

体验是"体验"一个"体验"得到一个"体验"，第一个"体验"是动词，第二个"体验"是方案，第三个"体验"是名词。体验作为动词时，指的是体验过程，而在这个过程当中，客户会通过五官去体验整个旅程。体验作为方案时，指的是用户"雇用"的方案，而这个方案，可以是产品，可以是服务，也可以是体验来满足不同需求，完成用户的工作目的。体验作为名词时，指的是体验结果，而结果一般有好中差。

以阿强的午餐旅程为例，户外广告是整个午餐旅程中的第一个触点。阿强体验（动词）广告，可能只是靠远远地瞄一下，在这一瞬间阿强认为餐厅的广告设计比类似的广告优胜，便会被评估为好体验（名词）。自助点餐是另一个触点。从餐桌上的二维码、线上菜单、菜品照片质感、页面转换速度等，都是过程中的体验（动词）。对于从没体验过自助移动点餐的阿强来说，只要整个过程顺畅并且能成功下单，就会被评估为好体验（名词）。

体验笔记

期望与体验

企业一般以为只要在产品或者服务上超出用户期望，便胜券在握，事实上，用户从来只会得寸进尺，要求更是无止境。企业这次让用户喜出望外，下一次便可能要付出加倍努力，才能赢得用户的掌声。面对用户无尽的期望，企业根本不可能十全十美。所以明智之举是，与其想尽办法如何给予惊喜，不如脚踏实地管理期望。

那如何管理期望？

企业需要了解期望形成的主要四点：过往体验、社群口碑、竞者特点、品牌承诺。其实，期望是一种很有趣的东西，有期望，就有失望的机会，但没期望，又很难引起用户的兴趣。企业永远不能满足于提供给了用户足够完美的体验，因为没有最好，只有更好。用户在使用一个产品时，会与以往使用过的同类产品或者相似产品进行比较，从而会产生越来越多的期望，就像手机更新换代的功能，用户永远只会期待下一代手机的功能有多么出乎意料。企业要想抓住客户，就要管理好客户的期望。

 体验笔记

期望探究

过往体验，就是用户对历史的总结。因为有所经历，所以有所期望。企业需要持续实现品牌承诺，才不会辜负用户的一路相依。社群口碑，就是人传人的分享。以前主要是靠线下交流。

在互联网世界，传播已经是无远无近，更是无时无刻。口碑比起广告，对用户来说更为可靠。面对着万千广告，用户更倾向于相信身边的朋友，所以，当朋友分享不利于企业的信息时，企业便有可能错过开拓市场份额的机会。因此，企业除了要为目标受众带来好体验，更要考虑潜在客户的体验，这正是体验曲线的化起落为喜乐。

竞者特点，就是市场上其他对手给用户带来的独有体验。企业需要的是参考而不是模仿竞者。概念相抄何时了，就算抄袭成功，偷取了部分市场份额，但缺乏创意，最终也会被拥有原创能力的企业淘汰。

人无我有，人有我优，人优我特，人特我专，大概就是王道！品牌承诺，就是企业的指纹，独一无二的。承诺好比婚姻，一句我愿意，彼此就会相信，无论顺境、逆境、富贵、贫穷、健康、疾病，都是一生一世。同样，用户也会以为，不管何时何地，企业都会奉行承诺。企业若是在某一触点让用户失望，这段关系就会出现无法修补的裂痕。

体验笔记

体验曲线
让企业盈利恒丰的 365 个体验
EXPERIENCE WAVE

021

客户一位

有这样一个故事。

有一天,小白兔去钓鱼,一无所获。第二天,它又去钓鱼,依然空手而返。第三天,它刚到河边,一条大鱼就从河里跳出来,大叫:你要是再敢用胡萝卜当鱼饵,我就掐死你。

小白兔给的都是自己"想"给的,却不是大鱼"需要"的。活在自己世界里的付出,一厢情愿,毫无意义!

缺乏换位思考思维的企业,就是小白兔,以为拿萝卜去钓鱼就能收获满满,最终只会空手而归,也同时给用户带来很差的体验。

"客户一位",就是用户导向。企业只有从客户角度持续设计出好体验,为客户解决痛点、满足痒点、创造乐点,让客户的购买习惯顺其自然,才能通过口碑获得市场份额,从而稳定收入来源,实现盈利恒丰。

如何做到"客户一位"?主要有三步:

1. 挖掘客户工作目的。
2. 了解客户体验旅程。
3. 持续客户体验创新。

体验笔记

员工一路

企业一般认为员工是成本，所以每当遇上经济困境，为了保障利润，第一时间考虑的，通常是如何减省员工支出，而实现途径无非是降薪、裁员。但员工其实可以成为企业最优质的资产，那么，哪一类员工是资产？

为客户、为企业、也为自己不断增值的员工，就是企业之瑰宝。"员工一路"，除了是员工和企业走在同一条路上，更重要的是员工把企业当成第二个家，一心投入工作，事事多走一步，发挥1+1＞2的效应，化腐朽为神奇，把不可能变成可能。但凡能够做到很成功，做到百年老字号的品牌企业，都会有集齐雄厚团队的资本以及早已深入员工人心的企业文化。

企业文化是企业的灵魂，是推动企业发展的不竭动力。那么，如何做到"员工一路"？

主要有三步：

1. 全面贯彻企业文化。
2. 持续巩固团队资本。
3. 有效建设人才梯队。

体验笔记

品牌一世

"品牌一世",就是企业始终如一的产品交付,让客户和员工都离不开企业。而这个交付,就是企业对承诺的一世兑现。

品牌从来不是一种颜色,也不是一个标志,更不是一句口号。品牌是一种情感,非理性的。品牌大师马蒂·纽迈耶(Marty Neumeier)认为,营销是获取客户的工具,品牌是赢取和保留客户的法器。这说明企业要维护恒久的客户关系,便需要忠诚于对用户的承诺。

比如耐克的承诺是"带给全球所有运动员灵感和创新",从"Air"到"ID"到"+"再到"Lab",不断创新给用户带来灵感。而运动员在耐克的字典里是这样的:"如果你有身体,你就是运动员。"其与众不同可见一斑。

企业如何实践"品牌一世"?品牌是内功,而要有好的内功,企业需要有好的战略。在战略上,企业可以从两方面考虑:天下无敌(极致),或与世无争(创新)。天下无敌,就是进入一个市场,格斗竞争对手,争取鹤立鸡群,例子有海尔和美的。与世无争,就是针对市场上未被满足的需求突围而出,例子有优步和爱彼迎。不管哪一种选择,企业都需要给市场清晰的承诺。

"品牌一世"的三部曲是:选择企业战略、落实品牌价值、进行无界互动。而"品牌一世"要做到位,则需要通过"员工一路"践行"客户一位"。

 体验笔记

企业九宫格

企业一直追求的是什么？利润最大化。那利润如何计算？简单公式是收入和成本的差额。收入因素有五个：单价、折扣、购量、客数、频次。而成本，可分为固定成本和变动成本两类。变动成本主要来自员工，企业要赚钱，大可牺牲客户员工，但这能持续发展？并不会！企业真正的出路在于，以客户强化收入，以员工优化成本，以品牌持续赢利。

体验曲线，简单来说，由品牌、客户、员工这三个利润元素所组成。而要实现盈利恒丰，企业需要做到"品牌一世、客户一位、员工一路"。每个元素都有各自的关键成功因素："品牌一世"的是企业战略、品牌价值、无界互动；"客户一位"的是工作目的、体验旅程、体验创新；"员工一路"的是企业文化、团队资本、人才梯队。这一共九个元素，便形成了九宫格。每一个格的大小，代表着企业在某一格的表现。如果是正方，就代表企业做的比竞者优胜。如果是半方，就等于不到位。如果是一条线，就等于不合格。企业的目的是"品牌一世、客户一位、员工一路"，也就是说，在企业生命周期里，九宫保持正方状态，就表示企业健康。

✎ 体验笔记

体验曲线
让企业盈利恒丰的 365 个体验
EXPERIENCE WAVE

体验曲线思维

体验的基础是换位思考,然而人都是自私的,放下固有观念远比接受别人或观念困难。也正因如此,做好体验绝非易事。

以下三个测试,便能评估出换位思考指数。

1. 乘坐地铁,是自己先进,还是让车上的乘客先出?
2. 致电别人时,第一句是说自己想说的,还是问对方是否有空聊?
3. 在麦当劳用餐后,盘子会留在餐桌上,还是会自行清理?

换位思考的做法是:第一条,先让乘客出来;第二条,问对方是否有空;第三条,自行清理。

如果不理解答案,那就是欠缺换位思考。

体验笔记

互联网之前世

"人",就是简单的一撇一捺,却能创造出无穷的复杂,让人与人之间的互动,变出无尽的可能。

时光倒流七万年,没有文字,人活在不会超过150人的部落当中,在他们的世界里,人与人之间的互动范围仅限于部落。150人,就是世界。

时光倒流一百年,交通网络发达了,一个人的世界不止是150人,但在没有电脑、没有手机的情况下,生活圈子仍是周边。买东西,都是先通过面对面的交流,再进行选择。用户在乎的,是一种人情味。跟那边的小李关系好,他的产品质量也不差,用户就会成为其忠诚客户。小李要维系关系,就要从一而终地兑现货真价实的承诺。而消息的传播节奏也是按部就班,先是一传十,再来十传百。在地球还是"圆的"的时代,一切都很慢,却很真。

关系,在互联网的前世,就如"人"一撇一捺般的简单。

体验笔记

体验曲线
让企业盈利恒丰的 365 个体验
EXPERIENCE WAVE

互联网之今生

从飞鸽传书，到信件递邮，再到一键沟通，才百年之久，这天翻地覆的变化，皆因两个字：科技。众多科技发明中，龙头算是互联网。它改变了时空，让信息的传递再没有地域限制。用户想知道什么，只需网上搜查，便能知天下事。而获取信息的方式，再也没有繁冗的步骤。过去营销学经典的 AIDA——也就是用户购买流程的四步曲：注意、兴趣、心动、行动，从一条直线变成了曲线。所有平面，变成立体。

以前寥寥可数的线下触点（每个触点就是客户与产品的一次接触），现在线上是数之不尽。以前一对一的面谈，现在是多对多的互动。以前的朝九晚五，现在是随时随地。这些改变，都是因为互联网。

互联网，加速了时间，缩小了空间，淡化了关系。企业的运作模式，不能再是以前的直线：卖什么，如何卖，卖给谁？互联网思维里，直线不是两点之间最短的距离，曲线才是。企业要在互联网时代突围而出，就要改变思维模式。

体验笔记

互联网思维

到底什么是互联网思维？如果问我们身边的人，估计没人能准确回答。总之，颠覆、跨界不能忽略，"互联网+"或者"+互联网"必须搭上，以后加号换成减、乘、除号肯定没错，不要漏掉O2O——也就是线上线下，又或者线下线上，后面还可能要线左线右，更可能会线东线南线西线北，这才更高大上，不然就是假大空。

C2C、P2P，全都是"-2-"的模式，还有碎片化、扁平化、去中心化，最后加个云端、大数据、场景、用户体验、众筹……你就是互联网思维大咖！

到底互联网思维是什么？有人会说，用户为王就是互联网思维呀！难道没互联网就不需要以客为尊？怎么因为有了互联网才突然发现用户是王了？

互联网，根据维基百科定义，是"网络与网络之间所串连成的庞大网络"。与其炒卖互联网思维，不如认真探究互联网的特性以及互联网如何影响消费者行为。互联网，是给有企业家思维的人使用的，而互联网思维，属于火星人。

体验笔记

"互联网+"与"+互联网"

本来互联网只不过是给企业使用的一个工具,但市场从来都是简单的事情复杂化,所以创造了"互联网+"和"+互联网"这两个模型。"互联网+",简单理解,就是以互联网为运营的核心。"+互联网",则是从传统领域延伸到互联网领域。两者都跟互联网有关,只是起步点不一样而已。

"互联网+"一般不以实体或者线下为起点。由于"互联网+"没有传统企业的包袱,都是从零开始,所以弹性相对大,企业都能针对某一个市场或者行业的痛点,作为企业产品设计的出发点。只要搭配了一个领域,并经营到位,就有可能颠覆一个行业,经典案例有 Uber。

至于"+互联网",实际就是"一"之延伸,也就是传统产业向互联网的延伸。传统企业可能碰上瓶颈,影响企业持续发展,又可能同行竞争激烈,企业需要脱离红海,创造蓝海,也可能市场氛围已经转向,企业再不求变,就会跌进谷底。在这个时候,企业便在原有的基础上,通过企业转型,开拓新领域,进入无限制的互联网空间。

不管"互联网+",还是"+互联网",企业的经营初心,应是始终如一的。

体验笔记

第一章
体验曲线 初体验

新互联网体验

在互联网时代,足不出户便能知天下事,但要做到通天晓地,还是要乖乖地呆在家里对着屏幕。老互联网,可以说是线上线下(Online to Offline, O2O)的雏形:用户在线上短时间内获取了丰富的信息量,便出发线下购买。可是,对品牌而言,用户从在线上"知道"到线下"购买"这个漫长的O2O体验旅程里,还是有无穷的变数,并没有百分百的把握赢得用户,只要旅程其中一个触点出现状况,便足以改变用户本来的决定。就算老互联网+电商,使得整个旅程都发生在线上,降低了用户在途中见异思迁的机会,也难让眼见为实的用户心安。老互联网,在线上天下无敌,在线下却是无能为力。

智能手机的出现,让信息就在指尖,随时随地将线上线下完美整合。用户在线下遇见新事物,也不必急于行动,先在移动互联网上咨询、比较过后,觉得适合,就可以立马下单。对比以前线下的后知后觉,新互联网颠覆了用户习惯。新互联网+电商,更让用户在品牌与用户之间的关系中,得到更全面的控制权。

新互联网对体验的影响,是品牌不能小觑的。而SoLoMo(即Social + Local + Mobile,是一种新型营销模式),是新互联网中的一个概念。

✒ 体验笔记

体验曲线
让企业盈利恒丰的 365 个体验
EXPERIENCE WAVE

线下必死？

线上的随时随地，改变了用户的消费习惯，而让害怕改变的用户愿意作出改变的原因是两个字——方便。为什么方便能起到这么重要的作用？天下武功，唯快不破。方便，就是协助用户更快更好地办妥事情。

试问，在这个时间有限信息无限的移动互联网时代，谁不追求复杂事情简单化？尽管线上貌似所向无敌，但也并不意味着企业只要与线上拉上关系就能脱胎换骨，飞上枝头变凤凰。线上的强大，并不等于线下就丝毫没有价值，有一些基本元素是没法改变的。

人，始终是体验动物，彼此之间的互动，是互联网没法取代的。商场店铺里的东西，即使线上都能提供，却是欠缺人性的。除了机器人，地球上应该没有任何生物可以永久地活在互联网上。线下必死？大概只是搞互联网的人为了图利而打造出来的概念而已，线下始终有其无可替代的优势。

体验笔记

电影的片尾彩蛋

以前看电影,除了期待情节的起承转合,就是茶余饭后的甜品。每当电影结束打出字幕,灯光也慢慢明亮的时候,大部分观众已经离场。但不知道什么时候,当电影结束,字幕也出现了,只要灯光还没亮,观众依然会留在座位上,感觉电影还会有下文。

原来,这个电影结尾大有来头,英文专业名词叫 post-credits scene,大概可以翻译为片尾隐藏彩蛋,另一个英语学名叫 stinger,翻译为蜇刺。

电影,用户一般的期望就是在两个小时左右结束。不管电影的好坏,结束了,总会有点曲终人散的悲伤,但这个彩蛋,却给用户带来意犹未尽的惊喜。彩蛋,一般是解答电影里的一些疑团,或者是预告下一集的内容,往往有画龙点睛的效果。其中一个案例就是美国漫威漫画旗下的反英雄死侍,这套电影的结尾就有两个彩蛋,让观众乐了个够!

片尾彩蛋虽平凡,却出众,强化了电影体验。而灯光,成了一种信号。

体验笔记

打造难忘的体验

难忘与铭记,哪一个对体验有更大的影响?《体验经济》作者约瑟夫·派恩认为,好的体验是铭记的。但铭记,亦即牢记于心,对于用户来说,是需要付出力量的。而难忘,即忘不了,也就是说,这体验已经成为用户生活的一部分,不再需要用力去记。所以如果企业能够打造出难忘的体验,比起铭记,就更能让客户和品牌建立一种稳固、可靠、忠诚的关系。其实,体验好比爱情,人一生,可能有很多不同的爱情故事,很多过去了就忘记了,但总有一两段是难忘的,特别是初恋。难忘的爱情,一辈子都忘不了,但铭记的爱情,只是属于别人提起偶然想起的那段曾经。时间可以冲淡的,就是铭记的爱情。所以企业去设计体验,就应该从难忘的体验出发。

体验笔记

最好与更好

小米的创始人雷军,曾经在一段视频里说:"好的体验是超出客户期望,所以要做到两点:一是努力做到最好;二是不要让消费者有过高期望。"其实,要做到好的体验,远远不止这两点。

雷军的第一个概念"最好",其实早已过时,因为从来没有最好,只有更好。如果企业停留在最好这个阶段,一旦其他竞争对手追赶上来,会给客户带来更好的体验,企业的生命就会走到尽头。

这些温水煮蛙的案例,从古到今,不停地重复着,比较经典的就有柯达和诺基亚。两家企业都因为过分满足现状,更没有与时俱进,忽略了数码的威力,最终成为了商科学生的案例。所以最好,其实就是最差,唯有追求更好,才能使企业长青。至于雷军的第二点,与《非凡营销:超级承诺超级履约》作者里克·巴雷拉所提出的意见是相反的。在信息几乎全透明的时代,企业还抱着隐瞒的心态已经违背了"客户一位"的精神,更何况,这种想法是假设市场没有任何竞争对手,误以为先降低期望然后在交付时候超出期望,就能给客户带来意外惊喜、带来好体验。好的客户体验,从来不是靠耍花招,而是从用户角度出发,挖掘痛点,给出解决方案。回归基本,就是设计好体验的不二法门。

体验笔记

关键触点（MOT）

体验旅程中有很多触点，即互动时刻，在无数的触点里，有一些是关键触点，两者的区别在于客户的期望。

当客户非常在乎这个触点的时候，这就是关键触点，如果企业忽略客户所关心的，做出来差劲的体验，客户就极有可能终止旅程，输的就是企业。所以重视客户体验的企业，会从用户的角度，评估哪一个触点是关键的，并投放适当的资源，确保关键触点的体验不会让客户失望。不失望，其实已经是一个很难得的体验。反过来说，当客户对触点没有任何期望的时候，也就是非普通触点，企业有两个选择：维持原有，或者创新升级。维持原有，起码与客户的期望值打成平手，体验旅程得以延续，但如果竞争对手在这个平平无奇的触点上创新，给用户带来惊喜，对企业而言就是错过了一次给客户惊喜的机会，品牌体验就有可能被比下去。

国内著名火锅店海底捞，就是创新升级的佼佼者。排队本来就是一个差体验，客户大概也习惯了，所以已经不以为然，但海底捞颠覆了这个传统"痛点"，把排队的痛点变成等候的乐点。一个平平无奇的触点，成了关键触点，也让海底捞成为餐饮界的标杆。

 体验笔记

体验设计

有竞争才有进步，但是，不一定所有竞争都是公平的。无论在 B2B 还是 B2C 的世界，由于信息泛滥，为了得到好的体验，甲方一般都会对不同方案进行比较，权衡各方利弊，确保最终选择不会给自己带来遗憾。这个比较，是甲方在客户体验旅程当中一个关键的触点。但由于 B2B 市场的信息透明度相对低，小部分乙方很容易瞒天过海，所以比较的一个作用是协助甲方筛选不靠谱的乙方。

遗憾的是，部分甲方是重视关系的公司，选择乙方时除了比较方案，还要看彼此之间的关系与合作历史，这个过程将会无休无止。

对于认真的乙方，每一次比较实际上就是一个产品的创造，需要花费很多时间和精力，力争给甲方创造实在的价值，缔造双赢局面。甲方也可以在比较的过程中免费学习，寻找关系较好的乙方执行项目。

作为乙方，面对这种情况不应沮丧，反而应该把每一次比较都看成是一次难得的学习机会，但也别抱太大的期望会获得回报。努力做好每一次比稿，过程中参与的团队也会获益颇多，对企业往后的发展有一定的帮助。体验设计，除了应用在 B2C，在 B2B 也可以派上用场。

体验笔记

体验曲线
让企业盈利恒丰的 365 个体验
EXPERIENCE WAVE

037

团队协作

许多企业在常规的部门工作中，协调一般都比较流畅，但是到了需要和其他部门一起协调进行项目时，团队的效率往往会戳到企业的痛点。涉及多个部门参与时，同一事件都会涉及多个人的沟通。

在这样的项目合作中，人员的沟通成本简直是几何倍的增加，由于责任边际的模糊导致人员的摩擦不断，旁观者效应也会不时出现，结果可能几天过去了才发现事件根本没有人去落实。是什么原因让项目的进行变得这么痛苦？其实，这就涉及到了团队之间的协作，即体验曲线九宫格中员工体验的关键元素——团队资本。一个拥有雄厚团队资本的企业，其部门团队之间的协作一定是十分顺畅的。

要想提升团队的效率，企业应该考虑以下几点：

1. 团队之间的充分沟通。充分的团队沟通、分配好责任，才能够良好地开展工作，而不至于出现项目几天都没有进展的情况。

2. 正向激励。团队在合作的过程中，需要有正向激励，这能够让团队在工作中保持高度的热情。

3. 团队的领导人。合适的团队领导人很重要，这个领导人能够了解各团队的实际情况，并且合理分配工作，使项目有条不紊地开展。能够做好团队协作，也是团队资本积累的一大步。

体验笔记

服务体验

创造品牌体验，有了品牌体验定位后，接下来就是如何将这些体验展现给客户。其实道理很简单，消费者通过什么来接收品牌传来的讯息？就是消费者所有感官可以感觉到的五种感觉：视觉、听觉、嗅觉、味觉与触觉。所以，品牌就是要利用这五种感官元素来激发消费者，就像星巴克（Starbucks），它的最大成功在于它不是在卖"咖啡"，而是在卖"咖啡人生"，它将自己定位于"The 3rd Place"（第三个地方，指除了办公室和家里的第三个地方），即不是家，不是办公室，而是介于其间的另一个与大家一起交流、体验咖啡文化和生活方式的场所。

品牌想要实现"品牌一世"，仅仅有产品的体验是不够的，还需要这种品牌服务的体验。当今市场的一个生存道理：要赢不仅要靠品牌形象，还要靠独特的品牌体验。要让消费者在购买时，就已感受到品牌的力量。

比如很多品牌都在设立自己的旗舰店，开设旗舰店不但是为了树立自己的品牌形象，它作为客户购买的最后一站，已经成为能否促成客户购买的一个决定性因素。如何带给客户创造性的"品牌体验"，如何让客户"活在品牌中"，是企业必须思考的重要问题。一句话："品牌可以被抄袭，但独特的品牌体验永远无法被抄袭。"

体验笔记

体验曲线
让企业盈利恒丰的 365 个体验
EXPERIENCE WAVE

换位思考

任何企业都追求基业长青,也就是盈利恒丰,而实现这个结果,企业要做好三个利润元素:"客户一位"所以收入提高,"员工一路"所以效能提高,"品牌一世"所以忠诚度提高。这就是体验曲线的核心。

当然,市场上还有很多不同的工具协助企业处理好客户、员工、品牌这三大块。

客户层面,就有营销4P,即产品(Product)、价格(Price)、渠道(Place)、宣传(Promotion);客户关系管理(Customer Relationship Management,CRM);艾伦·库珀(Alan Cooper)的用户画像等。

员工层面,则有马斯洛(Maslow)的需求层次、史蒂芬·柯维(Stephen Covey)的七个习惯、麦肯锡7S模型(Mckinsey 7S Model)等。

品牌方面,就是阿尔·里斯(Al Ries)的定位(Positioning)、亚历山大·奥斯特瓦德(Alexander Osterwalder)的商业模式新生代(Business Model Generation)、西蒙·斯涅克(Simon Sinek)的从为什么开始(Start with why)。

在不同时代,都会出现新的概念、新的工具,但是长江潜流并不一定推前浪,市场从来就是客户主导,企业只要能换位思考,在彼此双赢的情况下出发,这些工具也就只不过是书架上的一个参考工具而已。

体验笔记

无印良品(MUJI)

无印良品(MUJI)是著名日本杂货用品品牌,在日文中意为无品牌标志的好产品,在世界多地都有连锁店。虽然无印良品是一家经营范围广,好评不断的大型连锁店,但是客户去无印良品店时,也会发现无印良品的客服体验有时并没有做到位。

就拿香港的无印良品店铺体验为例:曾经有位用户在铜锣湾的无印良品购买衣服,发现断码并请求客服通过公司内部系统寻找其他分店是否有存货时,通常得到的回应是,公司的系统无法查询其他分店的存货情况,自家店只能出售所剩码数。客服的草率,直让用户无语。

在互联网时代,内部联网不是高科技,但无印良品却没考虑到这个最基本的细节,触犯了让用户期望落空的大忌。有期望,却得到失望,是对用户影响极大的痛点。用户认可的是无印良品的品牌,而这个品牌,无论在任何地方任何时间,都应该贯彻始终,给用户带来一致的体验!否则,就会遭到唾弃。

体验笔记

苹果（APPLE）

品牌，就是承诺，而承诺，就是一辈子的事情。好比婚姻，说了一声我愿意，就是一生一世。

苹果公司在乔布斯再次掌舵后，向世界宣告"非同凡想"，在每次产品发布会上，总会给市场带来颠覆式的创新，赢得用户对品牌的不离不弃。但在乔布斯离去后，苹果产品的设计可谓止步不前。"非同凡想"犹如过往云烟，取而代之的是大同小异，换回来的不再是用户的欢呼声，而是惊喜的缺失。

企业的承诺，应该是深思熟虑后的坚守，而不是信口开河。用户对一个品牌失望，往往是因为企业无法坚守初衷，一而再再而三的背弃承诺。言行合一，才能赢得信任，而信任，就是忠诚关系的基础。苹果要维护恒久的客户关系，便需要忠诚于对用户的承诺，满足"果粉"对苹果产品的期望。

体验笔记

麦当劳（McDonald's）

在这个快节奏的时代，快餐可以说是上班族的必需品。也因此，快餐品牌林林总总，而麦当劳作为其中一个传统品牌，如何在红海市场里突围？互联网的出现，让一直在线下发展的企业，迎来了新的机遇。

中午是人流高峰期，午饭排队在所难免，但时间就是金钱，分秒必争的上班族当然希望能善用午饭时间。网上外卖服务，就正好解决了这个痛点。麦当劳为了更好地服务市场，推出了一键网上订餐功能——"麦麦送"。用户只需登录网站，注册成功后，便能在线上选购汉堡。虽然麦当劳的分布很广，许多用户都可以直接出门去麦当劳门店吃午饭，但这个"麦麦送"对于足不出户的上班族来说，的确很方便。值得注意的是，"麦麦送"不是随传随到，而是慢慢送。对于初次使用的用户，这可能会让痛点更痛，因为等待食物的时间比用户去实体店购买的时间长得多。

体验笔记

博柏利(BURBERRY)

互联网时代刚到来时,奢侈品市场遭遇寒冬,实体店出现了"关门潮",其原因多半与用户在互联网消费有关。

互联网是把双刃剑,一方面给市场带来颠覆式的创新,另一方面却颠覆了不懂创新的行业。奢侈品品牌如何善用互联网,突破瓶颈,持续发展?正如美国宾夕法尼亚大学教授芭芭拉·卡恩(Barbara Kahn)指出的问题,对于那些具有上百年历史的奢侈品,如何平衡稀有的贵族气质和互联网的普及性质?

博柏利,传统英国品牌,早在2006年便定下目标,要成为全球第一家全数码奢侈品公司。而2006年,只是Facebook成立后两年而已。那时,社交平台还不是太成熟,但早起的鸟儿有虫吃,当互联网成气候的时候,博柏利在线上的收入比其他奢侈品品牌要高很多!互联网本身只是一个工具,博柏利成功把工具变成魔术棒,抓住互联网带来的机遇,大力开展线上销售,最终也在线上享受胜利的果实。

 体验笔记

体验值

体验是"体验"一个"体验"得到一个"体验",而体验值(即体验是名词时)是体验(即体验是动词时)与期望的对比。体验值往往被企业误解,认为客户要的是快(fast)、好(good)、省(cheap)。但盛世长城(Saatchi & Saatchi)主席凯文·罗伯茨(Kevin Roberts)认为,客户要的其实是"+er",即多一点。当快、好、省"+er"以后,就变成更快(faster)、更好(better)、更省(cheaper)。"+er",也是期望的提升。苹果的手机 iPhone 在性能上不一定是最好的,但却大受欢迎,这要归功于它简单的使用方法,就连不识字的小孩,都因 iPhone 的简易用户体验(user experience, UX)而能马上上手,不需要阅读长篇大论的使用说明书。iPhone 的更好,抓住了重点,而不是追求性能有多超越。体验,是企业的竞争力。因为好体验,打动的是客户的心,除了能提高客户的购买欲,同时也能借着正面的口碑带来更多新客户,从而走向盈利恒丰。

体验笔记

美国快餐连锁店 CHIPOTLE

客户购买东西以后,企业通常都会给单据,象征着一个体验旅程的结束。这张单据,如果客户不需要用来报销,实际上就只是一张没有太大价值的小便条。大概是因为普通,所以客户一般不会对一张单据有什么期望,甚至于回到家里就马上扔掉。但企业只要在这张单据空白位置花点心思,就能给客户带来不一样的体验。

美国快餐连锁店的 Chipotle 便给这个留白设计了一个邀请客户延续体验旅程的互动信息,只要客户按单据上的指示发送短信到特定号码,便有机会赢取礼物。不过,在单据上做创意还没有彻底跳出固定思维。

全球最大家具家居用品公司宜家家居(IKEA),把单据的图案直接印在白色的地毯上,本来准备扔掉的废纸,突然变成了家里有实际价值的地毯,更无时无刻加深客户对宜家家居的品牌体验。所以,在平凡的触点上加点创意,就能创造出非凡的体验,大大提升品牌与客户的黏度。

体验笔记

柯达公司（KODAK）

一家企业即使做到了百年不倒，盈利恒丰，甚至是行业的龙头老大，也绝不代表这家企业就能够一直屹立不倒，高枕无忧。在世界经济大环境下，再大的企业也有生命周期的低谷时期，而在这些低谷时期，如果企业不能根据新的挑战重新制订企业战略，那么即使是"巨人"也会轰然倒塌。

伊士曼柯达公司（Eastman Kodak Company），简称柯达公司，是世界上最大的影像产品及相关服务的生产和供应商。可是这个具有131年历史的胶卷王国、数码相机的开创者，却躺在了"数码魔鬼"的刀下。事实上，企业不仅要在技术与产品上不断创新，还要懂得将这些新产品转变为新的经营与服务模式，制订适合时代发展的企业战略。而和柯达处于同一领域的企业，如佳能、卡西欧、富士等，面对新的挑战，能化危为机，在互联网时代成功转型为数字摄影企业。任何企业都不能固步自封，否则只会被时代抛弃，落得破产的悲惨结局。所以，重视客户体验的企业，不断创新，为客户创造价值，才会远离温水煮蛙的境遇，使企业基业长青。

体验笔记

美国租车公司 ZIPCAR

要想让客户持续地忠诚于你的产品或服务，企业一定要能够为客户提供多层次利益，让顾客的价值饱满化。美国最大的租车公司 Zipcar 在顾客利益营造上，可谓是煞费苦心。

Zipcar 的目标是让 Zipcar 像咖啡馆和干洗店一样随处可见。更准确地讲，他们是要在目标客户聚集的区域做到随处可见，所以他们的停放场所通常在会员所在地附近。此外，每个区域还有专人负责，当客户出现一些小问题时，他们会骑着自行车前去处理。这些细节和人性化的处理方式，能够让用户产生信赖感，这非常符合 Zipcar "在你身边"的理念。赢得用户的信赖，培养用户对 Zipcar 的忠诚度，就是赢得市场。拥有庞大的用户基础，是实现盈利恒丰的重要因素。

体验笔记

仪式创新

仪式感在日常生活中很常见,比如公司开张要举办开张典礼,项目开工要有个开工大典,建筑封顶要做个封顶大吉。

葛优主演的电影《非诚勿扰》第一部里,有两个人认真地举办了离婚仪式,像结婚时一样,宣誓,收回戒指,司仪庄重地主持——因为这个场景很少见,人们看到这里忍俊不禁。但是在日本东京,真的有一家专门策划离婚典礼的离婚事务所。老板寺井宏树说,因为有次听到朋友为无爱的婚姻烦恼,大发感慨:"为什么结婚有轰轰烈烈的典礼,离婚却只有痛苦呢!"于是他创办了这家公司。成立短短几个月,就有900多对夫妻去咨询。一次有仪式感的告别,其实更能减少痛苦。这对于一部分有这方面需求的人群来说,也是一种十分独特的体验。它意味着正式结束一段关系,重新开始新的生活。这种一直被忽视的离婚仪式感,打破了传统思维的束缚,也不失为一种特别的创新体验。

体验笔记

AR 游戏 "Pokémon Go"

任天堂曾推出一款 AR 游戏 "Pokémon Go"，用户能够使用智能手机在现实世界中捕捉口袋妖怪。更让人激动的是，这款应用还拥有一套配套的可穿戴设备，让用户可以不用看手机也能进行游戏。

电子游戏与户外体验的结合是非常少见的，Pokémon Go 则要求玩家走上大街，亲身实地感受抓取口袋妖怪的乐趣，通过地图寻宝的方式来刺激玩家的新鲜感。Pokémon Go 基于移动端的特性，把探索门槛从手指变成了实际的位置，这便形成了一种互动，让用户能够全身心地体验游戏的乐趣。

最初传统的游戏，比如孩童玩的捉迷藏，强调的就是游戏时的身心乐趣，而后互联网游戏越来越多，人们只能是在室内电脑或者手机上进行游戏，缺少了身体活动。而 Pokémon Go 则设计出了不一样的游戏体验方式，能够让用户体验到身体活动的乐趣，这也是游戏爆红的一大因素。在用户体验和交互设计领域里，任天堂其实是大师。

体验笔记

英特尔公司（INTEL）

当产品被呈现出来时，用户并不关心过程而是关心产品的体验结果，但对企业而言，每个细节的部署和落实都很重要，所以如何从用户的角度出发来进行产品设计尤为重要。

英特尔公司是世界上最大的半导体公司，作为半导体研发的领头者，以前英特尔的做法是"晶体管→芯片→软件→用户体验"，但现在，英特尔要先去寻找用户体验，再据此设计软件，再根据软件设计性能最佳的芯片，再根据芯片决定晶体管的微观世界。现在在英特尔研究院，1000名研究员有一半在根据客户需求做定向研究，另一半则是从事探索性研究。

英特尔研究院副总裁王文汉说："以前包括英特尔在内的芯片公司更多推崇的是计算能力，而未来的市场上需要的是机器对用户需求和体验的推理能力，这可能会让算法跟以前完全不同。"事实上，体验经济的时代，用户只会为体验和感受买单，而不是单纯买芯片和晶体管的单。

体验笔记

051

体验曲线
让企业盈利恒丰的 365 个体验
EXPERIENCE WAVE

加拿大啤酒厂商 FARNHAM

在酒吧看球已经成为许多球迷的常态，赢球就高声欢呼庆祝胜利，大家一起举杯畅饮一番。但是，输球了如何发泄？对此，加拿大啤酒厂商 Farnham 贴心地为球迷准备了一款互动装置，根据自家啤酒的度数，推出了一款"苦度沙袋"。用户可以把失败的怨气发泄在沙袋上，根据沙袋受力的程度，装置智能给用户推荐相应度数的啤酒。你击打沙袋时越用力，得到啤酒的苦度相应也会越高。

Farnham 从酒吧这一场景出发，关注到酒吧中的球迷群体，结合啤酒"苦"的特点，与球迷支持的球队输球需要发泄内心的苦楚相对应，从而引发目标群体对互动装置的兴趣。对于品牌来说，和用户进行互动能够拉近与用户的距离，而良好的互动更是能带来良好的品牌效应。就像在酒吧里面，各种酒类的品种自然是数不胜数，但是像 Farnham 这样的互动装置确实是其他啤酒品牌所没有的，于是这种独特的互动装置让 Farnham 赢得了客户。

✎ 体验笔记

第一章
体验曲线 初体验

BASECO

在今天喧闹的大城市里，作为一名自由职业者，如果需要约见一位重要的客户，或者想要摆脱慵懒找个合适的地方工作，往往会很苦恼：星巴克里人太多有点吵，办公室又太安静……这时，一个能够满足客户这些要求的 BaseCo 便顺势而生。

BaseCo 是 Anomaly（一家跨界的创意营销公司）跟翌成创意合作的新事业。随着越来越多"创意牧民"的出现，在咖啡店办公的种种不便也随之涌现，比如你可能喝不到一杯好喝的咖啡；而对于办公室一族来说，由于许多大公司搬到了市郊，有些公司会体贴地给员工来个休闲日（casual day），但是在家里，许多员工是不能好好工作的。

Anomaly 和翌成都发现，越来越多的人意识到工作环境的重要性。那么比共创空间更进一步，联合办公空间也值得打造，既然拥有共同创业理念，那何不一起干呢？他们创建的 BaseCo 有个人独立工位，也有会议室，办公设备齐全，同时有品质上佳的咖啡供应，这种体验得到了许多目标客户的夸赞。体验就是生活，无论是在工作还是在休息，体验的好坏也决定了生活的质量。

✒ 体验笔记

奥利奥饼干（OREO）

从几十年前的"扭一扭、舔一舔、泡一泡"开始，奥利奥饼干变成了一种有趣的体验，一种与用户之间的可爱互动。如今的奥利奥音乐盒、游戏机，都在强化这种奥利奥带来的有趣体验。奥利奥突破原有的扭、舔、泡动作，开发出越来越多的趣味互动，让消费者在享受美味的同时，又能找到玩的乐趣，这在小朋友和年轻人群中非常受欢迎。

其次，奥利奥玩的花样也越来越时髦、高级，用户只需要用支付宝 AR 扫一扫就能够进入独特的奥利奥游戏，得分能在世界排行榜中显示。这个极具创意的想法，让一块简单的夹心饼干也拥有了科技感。奥利奥的"play with oreo"理念也得到了很好的延续，比起之前的奥利奥音乐盒，虽然少了一点新奇，但多了一点酷炫，简单明了的创意，结合轻巧的游戏设计，老少皆宜。正如品牌自己所言"玩心不会因为我们的成长而消失"，奥利奥卖的不是饼干，而是能让客户一起参与进来的饼干体验。

体验笔记

李奥贝纳(LEO BURNETT)

很久以前,产品是主角,一切传播从产品特征入手;后来进入品牌时代,围绕品牌定位和品牌承诺进行传播;再后来是创意时代,通过创意来强调并提升品牌价值;而现在,是"人"的时代,产品更要注重的是"以人为本",从客户的角度出发来创造独特的客户体验。

例如全球最大的跨国广告公司之一李奥贝纳的创意文化就是HumanKind。什么是HumanKind?用李奥贝纳的表达来说就是:一切从人的行为习惯出发,让消费者行动起来,而不是做个广告告知他们。这个时代的消费者不单单是顾客,客户的价值观、喜好、看待商品的方式、与朋友交往的方式等,都是企业应该考虑的触点。想要让自己的产品给人留下深刻的记忆,就必须让自己的产品给客户带来不能替代的体验。就像李奥贝纳老先生的那句名言——我想正是伸手摘星的精神,激励着我们不断放弃佳作,追求杰作。无关销量或是产品定位,而是力求真正解决人们所需,这会给用户留下回味无穷的体验。

体验笔记

055

体验曲线
让企业盈利恒丰的 365 个体验
EXPERIENCE WAVE

电台节目"All the way with Ray"

音乐是无界的,也是永恒的。人类文明诞生时,音乐也应运而生,自然界的各种声音结合,就是一场音乐盛典。当然,音乐也一直在发展和演变,不同时代流行着不同的音乐。而香港的一个电台节目"All the way with Ray",从1970年到今天,从没间断,是全香港最长寿的电台节目。节目主持人 Uncle Ray 原名 Reinaldo Maria Cordeiro,生于1924年,虽然已经年近百岁,但钟爱音乐的程度,让这位乐坛教父成为吉尼斯世界纪录(Guinness World Records)最长寿的唱片骑师(Disc Jockey, DJ)。"All the way with Ray"播放的都是从20世纪40年代到70年代的英文老歌,而播放时间是从晚上10点到凌晨1点的3个小时。在深夜聆听着爵士和Soul,会让听众怀念起昔日情怀,陶醉于历史的岁月中。一个节目之所以可以跨越接近50年,也就是从一到恒,全基于节目早期的"客户一位"。Uncle Ray 大概是少有的访问过两次披头士乐队(The Beatles)的 DJ,而 The Beatles 是当时大部分乐迷的神级偶像。时至今日,节目已经是一个殿堂级的品牌。歌迷只要想到怀旧,就是"All the way with Ray"。

 体验笔记

缅甸景栋音乐学校 BAMS

很多创业人成立企业的目的是为了赚取利润,而非盈利机构 BAMS(Build A Music School)的创办人郑凯恩,却从个人单纯的梦想,到后来希望缅甸的孩子能够抱起乐器而非毒品,用音乐来改变自己的人生。BAMS 位于缅甸的景栋,也就是金三角地区运送毒品的主要交通枢纽,所以这里很多工作都与毒品有关。在物质严重缺乏的情况下,很多儿童只剩下一个"人生的盒子"(A Life in a Box),即儿童拥有的一切都放在一个盒子里。BAMS 坚信每个儿童对生命依然充满梦想,于是开始通过开办缅甸景栋孤儿的生活展览来筹集资金,并不断自力更生,希望改变金三角毒品猖獗的命运。BASM 的成立,就是要给当地儿童创造一条不同的成长道路。为此,创办人裸辞香港的公关工作跑到缅甸去推行这个计划,一切从零开始。这个极具价值的项目,赢得了一群拥有共同信念的好友支持,再加上一众儿童的付出和努力,BASM 在缅甸买了一块地皮用于建立音乐学校,第一期校园工程在2018年初启动!从零到一,靠的就是品牌体验和"员工一路",再由一到恒,就是坚守"品牌一世",同时制造出更多洗涤心灵的体验,让客户走进"山乐孩子"(Musicians in the Mountain)的音乐,反思生命的所有。

体验笔记

体验曲线
让企业盈利恒丰的 365 个体验
EXPERIENCE WAVE

057

阿丙的故事

某用户牙痛,但没熟识的医生。身边朋友也没有好的推荐,只能网上论坛搜索,看了几个评价,最终决定去看牙医阿丙。选择阿丙的原因就是他所在的医院位于公司附近,于是该用户一个电话预约成功,下午请假前往就医。

用户来到医院,发现大堂一般,比较破旧,指引标识也不清晰,还好记得阿丙所在的楼层位置。医院装修一般,反正是医治牙痛,也就无所谓。护士登记后,只好等待,还好病人不是特别多,不一会儿,护士喊用户进去。阿丙是个老头子,给人经验老到的感觉。阿丙询问用户情况后,便叫用户躺在椅子上开始检查。治疗过程中,阿丙谈笑风生,大概是要分散用户注意力,只可惜用户认为医生是专业人士,专心干活少说废话更合适。治疗过程顺利,牙痛症状也有所减缓,但阿丙的手法一般,过程中带点疼痛,用户感觉治得不好。用户结账离开时,费用又在期望之外,护士也比较冷漠,用户头也不回便走了。阿丙就这样失去了一个客户,也失去了被推荐的机会。在整个体验旅程当中,有哪些触点是因为阿丙忽略,继而影响了用户体验?

体验笔记

阿丙与触点

阿丙要抓住用户的心,需要具备换位思考的能力。从用户角度出发,体验旅程大概有以下触点:

1. 用户与朋友圈。

2. 用户与网上论坛。

3. 用户与医院(包括网页、地点和环境)。

4. 用户与护士。

5. 用户与医生。

6. 用户与医疗设备。

7. 用户与医治结果(也就是产品)。

8. 用户与结账系统。

这八个触点中,关键的是1、2、7。阿丙只要搞砸了其中一个关键触点,用户便可能会投向其他牙医的怀抱。触点1和2,就是谷歌提出的零关键触点,几乎决定了用户的选择,让其浮现在用户的脑海里,就有可能被用户锁定,体验旅程也就得以继续。但阿丙如何掌握好这两个无形触点?这就在于阿丙平时如何维护老客户和建立品牌体验,为自己的服务塑造口碑。至于7,就是用户启动体验旅程的原因。阿丙能助用户完成目的,并给用户带来好体验,用户便会成为阿丙最忠诚的传播者。而这,也正是无形触点的成因。阿丙能否盈利丰厚,重点不是如何利润最大化,而是如何做好"客户一位"。

 体验笔记

体验曲线
让企业盈利恒丰的 365 个体验
EXPERIENCE WAVE

牛腩面店"九记"

香港有一家牛腩面店,装修简陋,只安排拼桌,但一年四季都客喧如沸,其特制的牛腩爽,卖完即止,用户需要看缘分才能够吃到,错过了,可以选择清汤牛腩面,也是镇店之宝,这就是用户对"九记"牛腩的惯常体验。而这个体验,便成为用户对"九记"的期望。"九记"只要明天亦复如是,用户便心满意足。虽然这是一种很明显却又很常见的饥饿营销策略,但基于"九记"牛腩爽带给用户独特的食用体验,这个策略又是十分成功的。假若用户来的时候能吃上一次牛腩爽,自是喜出望外,犹如中了彩票!即便吃的是清汤牛腩面,也值得回味。

"人都害怕改变!"这是金科玉律。在这个情况下,食客要求的,就是享用一碗用料充足、味道不变的牛腩面。"九记"要做的,就是专心做好牛腩,给用户带来一致的体验,这也是"九记"可在中环屹立数十年的关键所在。

体验笔记

海底捞

没去过海底捞的用户,应该也通过不同渠道知道海底捞的特点,比如等候时的优质服务、用膳时的变脸大师等。因口碑光顾海底捞的用户,也很少会失望。因为无论是在上海的海底捞,还是在深圳的海底捞,他们的服务水准、食物味道都是标准化的,都同样能够符合或超出用户的期望。海底捞的服务,已成为火锅行业中的典范。

社群口碑,就是来自朋友圈的品牌体验。潜在客户只是通过朋友的分享,对企业产生期望,并没有直接接触企业的产品或服务。这个二度期望,虽然来自朋友,实际还是源于企业。企业无论在何时何地,只要能维持好的品牌体验,便能赢得一传十、十传百的口碑威力。Tiffany 的蓝、Nike 的 Logo、麦当劳的 M、可口可乐的标志,无论在世界哪个地方,都不会让用户感到陌生,因为这些企业明白体验一致性对客户期望的重要性。

体验笔记

体验曲线
让企业盈利恒丰的 365 个体验
EXPERIENCE WAVE

061

诚品书店

虽然互联网时代网上书店来势汹汹,但线下书店还是有其优势的。比如诚品书店,其多元化的经营能给用户带来不一样的体验,除了提供书籍外,诚品还有食品、文具和文创产品。从硬件上来说,诚品做到了打破传统,营造舒适的空间和氛围,让用户意想不到。只可惜,在软件上不尽如人意,当用户需要求助找书的时候,很难找到客服;偶尔遇见,却是用户有求客服敷衍。客服只会告诉用户书的大概位置,也不能确定到底有无存货。相比其他书店,诚品的人性服务,实在不敢恭维!香港另一家书店叶壹堂,提供的服务就贴心很多,虽然难以有求必应,但用户可以放心把自己的需求告知客服,他们会跟进到底。企业设计体验的时候,需要参考竞者的优势,不一定要完全模仿,但最起码不要让竞者的优势成为自己的短板,这样才不至于导致用户极度失望,转而光顾竞争对手。

体验笔记

到底去哪儿

阿峰最近因为工作压力大,想要换个工作,只是,全球经济不好,市场也不景气,跳槽谈何容易?难得一家大企业来电约面试,阿峰抓住机会,认真准备。可能机会越难得,压力也就越大,面试前一个晚上,阿峰失眠。上午10点的面试,阿峰9点多才起来,此情此景,可谓天意弄人!阿峰赶快出门,匆忙拦下一辆出租车便冲了上去,期盼时间过得慢一点,师傅开得快一点。这辆车空调温度适当,杂志、瓶装水、湿毛巾应有尽有,真的是麻雀虽小五脏俱全!更难得的是车厢里飘着清新的兰花味,让人精神为之一振。师傅也谈笑风生,好像要给紧张的阿峰降降温。只是,阿峰要的是提前15分钟到达目的地,给企业留下好印象,从而增加被招聘的机会。就算出租车提供的是总统服务,阿峰的最终目的实现不了,也都只是空谈。当然,也有些时候,虽然目的未达到,但对用户来说无关紧要。比如,用户去爱马仕买包自用,营业员当然好好招呼,但要买的包没货,用户也不会太过在意。毕竟,这不是必须的。但如果用户要买的包是用来送女友作求婚之用,就算服务周到,只要缺货,用户也会非常不爽!好体验,是科学,也是艺术。

体验笔记

体验曲线
让企业盈利恒丰的 365 个体验
EXPERIENCE WAVE

063

云联牧场

2014年是"互联网+"高峰期，而其中一个产物，是云联牧场。传统的牧场通过养殖动物，待成熟后，销售给批发商，再由批发商出售到终端客户。在"互联网+"之下，牧场的商业模式发生了改变，除了减少中间环节，也给云联降低了经营成本。但对于客户来说，是"互联网+"还是传统零售根本不重要。早期的云联牧场定位并不清晰，不断摸索，不停推出最小化可行产品（Minimum Viable Product, MVP），但客户并不会因为牧场添加了"互联网+"的光环，就会马上有所行动。客户最关心的，始终是客户体验。只要能让客户吃上放心的羊肉，客户就会愿意作出改变。在体验经济里，品牌应该着眼于如何解决客户的痛点，和在体验旅程上创选不同的乐点，给客户带来喜出望外的体验。哪怕科技如何先进和发达，如果没法给客户带来更好的体验，其实也只不过是换汤不换药，表面是光鲜亮丽的糖衣，核心却是烂苹果。

 体验笔记

第一章
体验曲线 初体验

动起来 APP

动起来 App，创立于2014年，旨在为用户提供空闲的足球、篮球等场馆的场地，同时也协助用户通过平台找到球友。简单来说，"动起来"主要解决体育里面的"订场"和"约人"两大痛点，是互联网思维下的另一产物。

"互联网+"没有历史包袱，容易从零开始，从市场和用户痛点（即用户的体验需求）出发设计商业模式和产品。实际上，痛点几乎是每家互联网企业的起步点。至于如何找出痛点，关键看企业如何运用体验思维易地而处，做到急用户所急，想用户所想。互联网虽然有吸引力，但也不是挂上互联网就有免死金牌。"动起来"的命运，就没有其他互联网公司幸运。

2016年3月，动起来团队解散，原因是公司长期拖欠工资，并拒不支付。尽管最终疑似解决，但互联网世界永远不缺竞争对手，后来居上的类似APP如雨后春笋，早已抢占了市场。

体验笔记

体验曲线

让企业盈利恒丰的 365 个体验

EXPERIENCE WAVE

体验曲线基础 —— 问与答

Q：什么是体验曲线？

A：体验曲线，即企业的生命线，贯穿于客户、员工、品牌之间，体验的好中差形成曲线的起落。有效掌握曲线变化，化曲线起落为体验喜乐，便能盈利恒丰。

Q：曲线有定式没有？还是因事而异？

A：曲线之所以是曲线，源于体验的好中差。只要体验有变化，曲线便变化。

Q：这种体验曲线与销售业绩有关联么？

A：企业一直追求的是什么？利润最大化。那利润如何计算？简单公式就是收入和成本的差额。收入因素大概有五：单价、折扣、购量、客数、频次。成本分固定成本和变动成本，变动成本主要是员工。企业要赚钱，大可牺牲客户和员工。但这样能持续发展？其实，利润并不是目的，而是结果。既然利润是结果，那目的是什么？ 客户提供收入，员工优化成本，品牌持续赢利。企业的目的，其实是"客户一位、员工一路、品牌一世"。在企业生命周期"零到一""一到恒"这两个阶段，客户、员工、品牌各自发挥不同作用。只要有效掌握利润元素，企业就能实现盈利恒丰。

Q：体验参数的设计是根据客户的行业特点调整的吧？

A：体验始于触点。触点从宏观角度来说有两种：看得见的和看不见的。看不见的触点，即已经存在在用户的印象里，也就是品牌已经占据了用户的心理份额。看得见的触点，分线上和线下，而两者之间的区别,就是线下的触点种类要丰富得多,比如线下有环境因素、人为因素等。无论哪一个行业,都离不开这个框架。企业要做的,就是了解客户的工作目的,设计难忘的体验旅程,解决痛点创造乐点,并不断地创新体验。

Q:触点体验如何量化评估?

A:体验是"体验"一个"体验"得到一个"体验"。一般体验值是实际与期望的对比。当实际值大于期望值,就是好体验,反之,就是差体验。企业设计体验,其实也是在设计期望值,而其中一个期望值,就是品牌体验。

Q:整体体验曲线都不太懂,谁需要这个?要这个可以干什么?

A:企业怎么持续盈利?开源节流?怎么提高盈利?怎么控制成本?好的客户体验会让用户多购买、重复购买。海底捞和小米都是重视客户体验的案例。员工体验不重要?敬业员工给企业带来价值,也给客户带来价值,员工是内部客户。客户体验好了,员工体验好了,品牌体验就能持续。怎么做好客户体验、员工体验,不应是每家企业要关心的?企业要盈利恒丰,就需要做好体验,因为体验就是企业的竞争力!

Q:峰终理论(peak-end rule)在体验曲线的框架里不适用,原因是?

A:最影响体验的,不一定在体验旅程的峰和终。反而,一些出奇制胜的创意可能更让客户难忘。所以,期望管理是影响体验值的因素之一。

Q:O2O的线下体验也是体验?

A:O2O也是由无数的触点组成,只不过O2O是线上线下的链接,所以O2O的线下体验,也能产出体验。

体验曲线
让企业盈利恒丰的 365 个体验
EXPERIENCE WAVE

Q：现在有小众市场，有些人就是喜欢，设计的人是否就是基于目标客户群体的体验曲线来设计的？

A：客户体验的基本条件就是客户导向。当企业设计体验的时候，需要换位思考才能实现"客户一位"。其实，不管是大市场还是小市场，体验就是企业的竞争力。产品和服务都容易被抄袭和模仿，唯有体验才是唯一的。

Q：能简单理解为：我去喝咖啡，装饰、音乐、咖啡温度、服务员声音大小……作为触点，如果咖啡温度是最容易影响客人多少或营业额的，那温度是最高分，体验曲线就是如此类推画出的曲线吗？

A：如果咖啡温度是最影响销售额的，这就是关键触点。其他的，就是触点。

体验笔记

第二章　品牌体验

入　门

体验曲线
让企业盈利恒丰的 365 个体验
EXPERIENCE WAVE

B2B 与 C2C

在目前的体验过程中，企业更多关注的是消费者的意愿和感受，但是在 B2B 的营销场景下，更需要关注的是相关决策人。B2B 和 B2C 的最大区别是什么？B2B 的主要对口是企业采购的关键决策人，B2C 的对口是最终消费者。关键决策者的需求是什么？最终消费者的需求是什么？

B2C 主要聚焦最终消费者本身的需求，但是 B2B 的话，不仅需要关注企业的需求所在，而且要兼顾采购决策者自身的一些诉求（与企业需求有差异的部分）。最简单的理解可能是：C 的追求一般是自身、横向的，但 B 考虑的还有上下游的关系，所以一般有 B2B2C 的说法。B 的体验维度是垂直加横向的，确实，B 牵涉到产业上下游，领导上下级，关键决策团队或个人，做体验的时候，这些都有可能要考虑到，B2B 还要考虑更多的垂直。C 市场无论单一还是群体，都从横向发展，特别现在是全渠道。

体验笔记

持续盈利与盈利恒丰

体验曲线以实现"品牌一世、客户一位、员工一路"为目的,并终于盈利恒丰(profitable sustainability, PS)。如果企业出发点放在"持续盈利"上(sustainable profitability, SP),重点就始终是以盈利为主,远离了体验思维。其实,SP 和 PS 在运营上会有很大的区别,前者重视的是短期利润,后者则在乎企业长青。一家以体验主导的企业,应当倾向盈利恒丰的方向。随着社会变革的日新月异,企业也应该从商业+公益的双重模式,走向3P战略,即利润(Profit)、人群(People)、地球(Planet)。地球病了,等于家也快没了,更别谈什么盈利恒丰。所以,企业要长青,就需要关心地球的气候环境。印度国父甘地说,"信念决定思想,思想决定语言,语言决定行动,行动决定习惯,习惯决定价值,价值决定命运"。企业的取向影响着一家企业的存亡,将企业比作一辆火车,那么企业的取向就是火车的车头,车头往哪儿开,火车就去往哪里。

体验笔记

品牌一世

到底怎样才算是实现"品牌一世"？企业可以考虑以下问题：
1. 与其他竞争对手相比，企业的核心竞争力是什么？
2. 企业的商业模式是什么样的？
3. 企业取得成功的必要因素有哪些？
4. 品牌强度如何？
5. 品牌承诺是什么？
6. 如何设计品牌标识？
7. 如何设计与用户的互动？线上、线下，还是两者兼备？
8. 如何在内容和触景的设计上让用户更好地参与？
9. 如何创造网络效应？

体验笔记

体验，还是流量？

流量或价格战，是品牌争夺市场份额的惯用手段，但无论哪一种，终究都是杀敌一千自损八百的低效竞争。比如外卖行业的美团与饿了么，共享单车行业的摩拜与ofo，进行了几番激烈的价格厮杀，最后还是两败俱伤，谁也没有赢过谁。所以，流量与价格，并不是实现盈利恒丰的关键元素。在体验经济下，更重要的，也往往被品牌忽略的，是体验。正如中国古代兵书《孙子兵法》记载的五个战争胜利要素：道、天、地、将、法。排在第一位的"道"，即民众与君主的同心同德，其实就是体验设计。由此可见，体验自古以来，尤为重要，未曾改变。企业要想靠流量或价格来取胜，实际是下策，而上策是，通过好的体验，赢取客户的信任和依赖。所谓得民心者得天下，品牌也是一样，重视"客户一位"和"员工一路"，便能盈利恒丰。

体验笔记

4P-4C-4E

传统营销有4P，就是产品（Product）、价格（Price）、渠道（Place）及宣传（Promotion），而服务营销就有7P，多了人员（People）、过程（Process）和环境（Physical evidence）。P的重点还在企业，所以当进入了客户导向时代，4P便蜕变成4C，亦即是需求（Customer needs and wants）、成本（Cost to consumer）、便利（Convenience）和沟通（Communication）。4C，是从用户角度出发设计营销。不过到了体验经济，4C再一次进化，成为4E，亦即体验（Experience）、价值（Exchange value）、无界（Everyplace）、口碑（Evangelism）。这个4E概念，来自广告公司奥美（Ogilvy）。从P到C到E，其实是企业目的的转变。

中国知名火锅店海底捞，就是一个例子。如果海底捞卖的是火锅，或者是客户喜爱的材料，就不容易赢得客户的关注，因为容易被竞争对手抄袭或者模仿。但海底捞代表的就是一种优质的体验，客户去海底捞，不是因为P或者C，而是因为E。所以，体验就是企业的竞争力。

体验笔记

全球性装修设计平台 HOUZZ

每一个人都渴望拥有一个安乐窝，无论白天在外打拼多辛苦，晚上都能回到自己舒适的小窝里休息。当人们有能力购买新居以后，自然希望为新房子添置有个人风格的家具和摆设，但缺乏灵感和搜索信息会是一大痛点。全球性装修设计平台 Houzz，被美国有线电视新闻网（Cable News Network, CNN）誉为"室内外设计的维基百科"，通过其丰富的内容和高品质的搜索技术，协助用户找点子、找答案、找专家，甚至购买家饰，创造乐点。Houzz 一个专利功能，就是在数百万张可购产品的照片上附上绿色信息小标签，让浏览者可以点击查看更详细的产品信息。而为了避免让这些标签看上去像赤裸裸的广告，这些标签会被设计成像圣诞小饰品那样摆动，给用户带来不一样的客户体验。好的客户体验和口碑的相传为网站吸引了世界各地的支持者，引来广告商的青睐。但 Houzz 非常明确地坚持不加广告的运营模式，为的就是要保护客户体验。不忘初心，坚守承诺，持续创新，就是"品牌一世"的关键。

体验笔记

CRM 管理理念

很多企业以为购买一套客户关系管理（Customer Relationship Management, CRM）系统，就能管理好客户关系，其实，系统只是一个工具。好的工具固然对事情有帮助，但到最后，关系并不是靠系统去建立，而是看客户与企业之间在体验旅程的每一个触点，是否能给用户带来好的体验，让客户有一个延续旅程的理由。更何况，CRM 根本就不是一个系统，而是一个管理理念。所以，就算企业买了全球最好的 CRM 软件，也不等于客户关系就会好起来。CRM 从系统层面来说，可以简单理解为基本的数据管理，也即 DIKW 的一个过程，从原始观察获得了数据（Data），分析数据间的关系得到了信息（Information），在行动上应用信息产生了知识（Knowledge），最后得出智慧（Wisdom），对事物的发展得到前瞻性的看法，趋吉避凶。因此，数据的质量非常关键。数据营销里的 RFM，分别是购买近度（Recency）、购买频率（Frequency）、购买金额（Monetary）。企业要避免"垃圾输入—垃圾输出"（Garbage In, Garbage Out, GIGO），才能更好地分析客户的购买行为，设计出更好的客户体验，同时提升企业的品牌体验。

体验笔记

自行车品牌 VANILLA

在自行车界,有一个享誉盛名的品牌叫做 Vanilla,专门生产手工制造的高质量自行车,一辆售价甚至高达12000美元。Vanilla 自行车的车身框架由稀有金属制成,与银合金进行焊接,重约30盎司(约0.85千克)。每一辆 Vanilla 自行车都是根据客户的特定要求和喜好定制的,配之以复杂的雕琢和艺术化的喷漆。在公司仅仅经营了9年之后,公司拥有者萨卡·怀特(Sacha White)就停止接受订单——不是因为销量不好,而是因为他已经积攒下了五年的订单,而且怀特和他的三位员工每年只能制造40~50辆自行车。

对于一个品牌来说,它的品牌定位针对的不应只是产品,还包括在消费者心中的位置。Vanilla 的基础定位和市场划分十分清晰——高质量的产品和差异化市场。Vanilla 自行车是如此的与众不同,以至于波特兰的自行车邮差在描述什么东西很酷时常常会说:"它是如此的 Vanilla。"品牌是一个承诺,对于 Vanilla 来说,它的承诺就是确保提供给客户的每一辆自行车都是那么的独一无二和完美,并通过承诺的兑现将其品牌理念深植于客户心智中。

体验笔记

欧莱雅（L'ORÉAL）

欧莱雅，全球知名化妆品品牌，将印度定位为全球五大商业增长极之一。为了让品牌能够在印度各个细分市场获取领导地位，欧莱雅在印度投入了四条生产线用于多品牌的生产，并投入大量资金在印度进行品牌建设。

产品通常是人们对营销首要的也是最基础的考虑，但事实上品牌和服务对人们的意义同样重要。欧莱雅想要做好品牌建设，必少不了它的基础产品和服务。针对印度中年妇女的头发护理问题，欧莱雅集团下的卡尼尔（Garnier）品牌分别研发了以水果为基础的Fruits和Ultra DOUX子品牌，为男士设计了能使皮肤光亮的Powerlight系列。欧莱雅在品牌建设过程中，明确了一点——消费者购买的不仅仅是产品和服务，还有他们在购买和消费这些产品和服务的时候所得到的体验。就像欧莱雅的例子那样，市场营销人必须通过铸造产品和品牌来与消费者连接，而一个品牌能否成功，很大程度上取决于品牌的建立和管理。

体验笔记

H&M

　　品牌是对客户的承诺，要通过给客户创造乐点、解决痛点来创造价值，倘若连客户都不尊重，那品牌价值将大打折扣，甚至毁于一旦。H&M，全球知名服装品牌，一次在 H&M 英国官网上刊登的一张黑人儿童模特广告被指涉嫌种族歧视，在社交媒体上引起网友强烈抗议，H&M 被置于舆论风口。

　　在这张有争议的图片中，一名黑人小男孩身穿绿色套头帽衫，衣服正面印着"COOLEST MONKEY IN THE JUNGLE"（丛林中最酷的猴子）几个字。众所周知，"猴子"是对黑人的诽谤性词语，而与其类似的两款服装均以白人儿童做模特，两名儿童衣服上印的是"红树林"和"官方生存专家"。这种带有种族歧视色彩的差别对待引起大批网友的不满及痛批，甚至有网友表示从此抵制 H&M。H&M 的代言人，也相继痛批这则广告，并因此断绝合作。在这轩然大波中，尽管 H&M 撤回图片并停售该款衣服，但由于其对客户的不尊重，付出了很大代价。对客户的尊重，也是最基础的换位思考能力，是品牌立足的基本条件。

> 体验笔记

HOUSE 99

House 99可能是大众比较陌生的品牌,但大卫·贝克汉姆(David Beckham)这个名字,就算不喜欢足球的人也知道。而House 99就是由贝克汉姆和欧莱雅联合创立的男士"理容品牌"。当很多意见领袖(key opinion leader, KOL)都情愿作为某大品牌的代言人的时候,贝克汉姆选择了创建自家品牌。其实这也是理所当然的,贝克汉姆在2015年就被美国《人物》杂志评选为全球最性感男士,而且在时尚界也一直走在潮流尖端。在选择品牌名字的时候,贝克汉姆也尽显个人特性。House象征着汇集全球男士理容爱好者,共享造型建议和贴士,而99则是David的黄金之年,见证他成长辉煌的里程碑。品牌需要有灵魂,更需要有一个使命,才能成为一个至爱品牌(lovemark)。

体验笔记

彪马（PUMA）

美国品牌大师艾尔·里斯（Al Ries）和杰克·特劳特（Jack Trout）在其经典《定位》*Positioning* 里指出，"如果你不知道你要去哪里，就不会有人跟随你"。（No one will follow you if you don't know where you are going.）这句话就是彪马这个德国运动老品牌的写照。彪马被开云集团收购后，品牌定位一直模棱两可，时高端时运动，还要面对同门阿迪达斯（Adidas），强敌耐克（Nike）与新百伦（New Balance）等知名大牌的竞争，使得其销售表现一直黯淡无光。为了跳出这个死角，彪马邀请了备受全球欢迎的流行天后蕾哈娜（Rihanna）作为其品牌创意总监。其实，很多品牌都会采用明星效应作为出路，但彪马选择蕾哈娜除了是基于其巨星的光环以外，更看中了她在时尚圈拥有的强大话语权，再通过她的影响力来做品牌推广，借此翻身。品牌要发光发亮，就要定位清晰，锁定受众人群，再配合有效的内容营销，才能让品牌从零到一。

体验笔记

芭比波朗（BOBBI BROWN）

咖啡可以说是上班一族的基本需要，所以不少大牌热衷于"开咖啡馆"，比如香奈儿（Chanel）的 CocoCafe，用以强化客户与品牌的互动。美妆品牌芭比波朗也做了一家快闪咖啡店，而它设立的目的，是从其品牌价值出发，就是"一切都要简约、真实并且平易近人。"

美妆是个人化的产品，一般客户去美妆店也会试妆，确保产品适合自己才会购买。但更多时候，试了并不代表转化。这种尴尬，有时候会把客户拒于千里之外。芭比波朗的咖啡店，就是要兑现"平易近人"的承诺，让客户在没有压力的情况下试妆，还能舒适地享受咖啡。品牌价值是企业给客户的一个承诺，不只要在大小事上兑现，还要在未来贯彻始终，这样才能让客户安心，维持彼此的关系。

体验笔记

乐斯菲斯（THE NORTH FACE）

道格拉斯·汤普金斯（Douglas Tompkins）是一位极限运动爱好者，在1968年创办了户外运动品牌乐斯菲斯，致力于为户外运动员的每一次严酷探险提供专业装备。该品牌在发展过程中遇到了很多盲点，影响了成长速度，再加上产品的专业性强，市场本来就小众，要做大很困难，所以在成立一年后，乐斯菲斯便被卖掉了。在专业与大众之间，新的乐斯菲斯选择了走大众化路线，并通过赞助探险家们的装备快速扩张。但这个发展，并没得到供应链的支持，导致严重亏损，终于在2000年引来品牌的第三个拥有者 VF Corporation。这家老牌服装公司凭着丰富的运营经验把问题一一解决，让乐斯菲斯回到正轨。而关键之道，并不是迎合更广大的客户，而是和客户建立起情感联系，也就是重视客户体验。虽然乐斯菲斯在1997采用了新的宣传语，"探索永不停止"（Never Stop Exploring），但品牌做到的，其实是创办人的初心，生产世界上最优质的户外产品和拥有回头客。万变不离其宗，做到"品牌一世、客户一位、员工一路"，就能实现盈利恒丰。

体验笔记

百威啤酒（BUDWEISER）

世界啤酒市场一直是竞争十分激烈的一个领域，市场领导者的角色也在不断更换，在长达几个世纪的拉锯战中，品牌策略稍有失误，便可能被其他品牌击败。百威啤酒是在美国及世界销量最多的啤酒，长久以来被誉为"啤酒之王"。"百威"之所以成功，除了确实是美国首屈一指的高品质啤酒外，还与其卓越的品牌策略和广告策略有着重大关系。对于企业来说，为自己的产品确立正确的目标很重要。百威进军日本市场的时候，就事先通过调查确立了目标群体——日本喜爱追求特别的年轻一代。"百威"一步一步从基础工作做起，深入了解目标消费者，并利用广告杂志给目标群体带来强大而新鲜的感觉。只有了解了用户的需求所在，才能够制订正确的品牌战略，强化品牌的知名度。在这种情况下，要想做到成功，很重要的一点就是从用户的需求出发，打破企业传统的市场占有率推销模式，建立起一种全新的"消费者占有"的行销导向，也就是做到4S营销：满意（satisfaction）、服务（service）、诚意（sincerity）和速度（speed）。

体验笔记

可口可乐（COCA COLA）

全球最大的饮料公司可口可乐的同名产品可口可乐在碳酸汽水市场绝对是霸主，销量遥遥领先。但在二十世纪七八十年代，可口可乐旗下的另一产品雪碧（Sprite），并没有得到同等待遇。当时终端客户要购买饮料，主要是通过小杂货店、超市和酒楼这些渠道。可乐公司要推雪碧进市场，最简单的策略就是交叉销售。当客户进货可乐的时候顺道介绍雪碧，便能一石二鸟。不过，这个如意算盘却没打响，原因是客户已和七喜（7-Up）建立了良好的关系。一旦企业与企业（Business to Business, B2B）建立了良好的合作关系，改变便非常困难。虽然可乐公司的营销策略是以情感的独特性占领客户的头脑，比如北极熊也喝可乐等，但这次真正发挥作用的，是销售员和送货员的双剑合璧。每当销售员给客户下单后，在送货当日，送货员除了带可乐进客户的仓库，还会多带雪碧。雪碧和七喜都是绿色包装，而且口味也接近，再加上电视广告的攻势，渠道和终端用户大概都分不清到底是雪碧还是七喜。当终端客户慢慢习惯了雪碧的味道以后，企业为了给终端客户带来好体验，便改变进货习惯，转向雪碧。所以，一个品牌的建造，是客户体验和员工体验的结合，缺一不可。

体验笔记

有道

有道是网易公司的内部创业项目。有道最早的想法是做搜索引擎，也就是想跟百度竞争，而叫"有道"这个名字是希望在用户的问题和答案之间架设一条道路，另外也是取"君子爱财取之有道"的意思。

有道的品牌策略是根据每个产品所处的不同阶段设定的，比如追赶者和领先者的策略就会不一样。对于营销推广，2007年以前是做论坛、博客营销，2008年是在人人网上做营销，后来就是在微博、微信、知乎、豆瓣做营销，在不同时间做不同的平台。虽然投放渠道随着时间不停在变，但实际是万变不离其宗。这个"宗"就是贴着客户做，客户在哪里就去哪里，这也是品牌体验的基本原则。而在与国外同类App印象笔记（Evernote）竞争时，由于有道是国内研发，了解国内用户喜欢免费产品的心理，拉新策略也针对用户需求出发：用户可以免费获取2G空间，然后每天签到还可以增加存储空间。这个"客户一位"的方向，强化了有道的品牌体验。

 体验笔记

索尼影业（SONY）

索尼影业（索尼旗下的影视公司）以版权方的身份与爱奇艺（中国知名视频网站）合作了《杀无赦》（2017年爱奇艺出品电影）。索尼影业不仅与爱奇艺共同投资，还从营销渠道等多个方面帮助爱奇艺发行。对于爱奇艺制作网剧来说，大多数消费者都司空见惯，但爱奇艺与索尼的合作，无异于帮爱奇艺插上了一双翅膀。索尼利用自己在国际上的资源帮助《杀无赦》获得了拍摄地的赞助，还使《杀无赦》入驻 Netflix 片源库，为《杀无赦》提供了新的平台。对于一个品牌来说，能够充分利用手边的资源是一种智慧，爱奇艺与索尼合作，并与其形成短期的团体，在这个过程中，爱奇艺获得了来自索尼的帮助，获得了很多优质资源，并充分利用，使双方共赢，这也是合作的基础。这就是品牌的合作，互相提供帮助，一方成为另一方的扶手，实现资源的充分利用。

体验笔记

叶壹堂（PAGE ONE）

叶壹堂是一家以经营英文书籍为主的新加坡连锁书店，1994年进驻香港，但很遗憾，在2016年被清盘，结束了其22年的生命周期。市场一般会认为，它的倒闭是电商导致的，特别是受全球最大之一的电商平台亚马逊（Amazon）不断加快扩张的挤压。事实上，当时叶壹堂的品牌体验是符合香港本土口味的，它们有便利的位置、舒适的环境、专业的客服、实惠的积分，整个客户旅程中的触点体验，可以说是赢得了客户的认同。只要购买英文书，就会想到叶壹堂。可惜，它的定位相对高端，面对"书中没有黄金屋"的新一代，老市场的份额又持续萎缩，再加上香港寸土尺金，书本的利润薄，在长江后浪推前浪的大势下，叶壹堂也就这样被冲走了。虽然品牌、客户以及员工体验都做到位了，但因没法改变品牌定位来迎合更大的新市场，最终走上末路。另一家来自台湾的连锁书店诚品（Eslite），2012年在香港开设分店，人流远胜叶壹堂，这是因为诚品在"不以书为中心"的基础上，创造出"与生活同存"的体验。而这个品牌价值，打造了一种独特的书与生活的体验，得到了客户的认可和依赖，让诚品能够在亚马逊等网店的冲击下得以保存，并且持续发展。

体验笔记

凉茶店三不卖

很多企业为了实现利润最大化,不停制造产品,误以为只要提供无穷的选择,客户总能遇上心头爱,继而下单购买。其实,心理学家巴里·施瓦茨(Barry Schwartz)在《选择的悖论》*The Paradox of Choice*中已经指出,过多的选择和无限的可能性并不会让用户感到轻松和自在,反而会大大增加用户的压力和焦虑。企业都忘记了"少即是多"(less is more)的道理。"少"意味着去除不必要的东西,把有限的精力集中在最重要的事情上。所以"少"对于企业和客户来说,都是有百利而无一害,特别对于客户来说,更能降低客户费力度(customer effort score, CES),提升体验。在香港湾仔,有一家小店"三不卖",它于1948年创业,跨越大半个世纪也只是出售一种名叫野葛菜水的凉茶,并一直坚持"不够材料不卖、不够火候不卖、地方不够干净不卖"的"三不卖"经营理念。一碗"三不卖"葛水,有助去骨火,并即时有舒缓之感,效果显著。店内不提供坐下休息的地方,客户可以选择一碗直接干了,或是外卖一瓶带走。虽然市场出现了其他野葛菜水店铺,但"三不卖"仍保持着一定的人气。这,就是坚守"品牌一世"的结果。

✒ 体验笔记

体验曲线
让企业盈利恒丰的 365 个体验
EXPERIENCE WAVE

抄、超、钞

一直以来，中国产品给全球市场的感觉就是"抄"，从鞋、服装到手机，中国出品，更含些次货之意。不过，任何创意其实都是从模仿开始的，乔布斯在1996年的一个访问中就引用了毕加索的话："好的艺术家复制，伟大的艺术家偷窃"，这就说明，抄其实并不是问题。但这个抄袭，并不一定要仰望高大上，很多时候，高手在民间。正如网易云音乐评论区的一句经典，"十年文案老司机，干不过网易评论区。"也就是说，即使是很普通的东西，也可以从中获得品牌创意的灵感。创意离不开三个层次：抄、超、钞。第一个抄，可以说是模仿以得到灵感，实际是一个必经的过程，小时候学书法，也需要临摹字帖。在整个抄的过程中，更关键的是学习思考模式。第二个层次，就是要超越原创。中国的微信，就是一个经典，它的价值已远远超出Facebook、Instagram 和 Twitter。而只要这个抄出来的创意超出原有价值，也更接地气，最后就会变成钞票。中国有句古话：外师造化，中得心源。就是说，学习万事万物，从而在内心激发灵感。"抄"，亦是一个品牌创意的基础来源之一。

体验笔记

常州新华书店

新华书店历史悠久，是中国图书发行行业的老大，但是随着电子商务的崛起，以实体店为主的新华书店面临严峻考验，阅读习惯和购买途径的转变固然是重要的原因，但固步自封，造血功能不全才是加剧实体书店猝死的帮凶。基于此认识，江苏凤凰新华书店集团常州分公司开始改变公司的战略，将原先的十多个部门合并成四个部门，将现有门店提档升级，把大中型门店打造成以图书为核心的新型城市文化空间，加入餐饮休闲、艺术沙龙、读书分享等多元文化元素。常州新华书店在电子商务方面，紧跟时代潮流，进行了微信推广、QQ群推广、线上线下联动等广泛尝试。为了适应网民的消费习惯，其客服从早上8：30一直工作到晚上11：30，并且增加晚上的人手。针对新华书店学生读者多的特点，常州新华书店每年寒暑假还特别推出阅读类图书和教辅书，将这块新华书店的传统业务在网上越做越大，实现业绩连年翻番。常州新华书店升级了品牌体验，优化了客户体验，强化了员工体验，成就了盈利恒丰。

体验笔记

微信小程序

  微信虽然是中国最有影响力的社交平台之一，但很多人对微信的认识还是有局限性，特别是对一些新功能如小程序并不了解。为了让市场更好地认识小程序，微信把已经红遍网络的王者荣耀设计成小游戏，借力打力，迅速提高市场渗透率。之后的另一个小游戏跳一跳，进一步稳固了小程序的定位，再后来在小游戏建立的好友排行榜，鼓励了社交传播，激发了病毒营销。微信从朋友圈、微信群、抢红包、二维码支付、公众号、企业号，再到小程序，不断地完成其使命：微信，是一种生活方式。很多时候，尽管品牌体验已经建立起来，但这并不等于其附属的产品也能马上得到认同。每一个新方案对于用户来说，其实都是一次新的尝试。企业只要能够换位思考，就不会因过去的成功而想当然，只有每次推出新方案都用心设计，降低用户的使用成本，才能做好客户体验，同时也做好品牌体验。

体验笔记

康泰克

品牌从来不是一种颜色,也不是一个标志,更不是一句口号,但却是企业与用户沟通的重要工具。就像耐克的"镰刀"标志,让人看到就能想起耐克,想到它独特的品牌体验。其实,品牌要建立起容易让人深刻记住的"工具",除了标志和颜色,还可以是具象化的角色。

中国消费者熟知的中美史克公司的感冒药品牌"康泰克",便是推出了一个以"康泰克先生"为核心创意的电视广告,以非常规的方式为观众提供了一个可爱又可信的形象,并将其作为品牌的代言人与消费者进行沟通。这样的品牌设计,使消费者们更加具象化地记住了"康泰克"这个品牌,在谈论起这个感冒药时,脑海里浮现的不是平日那种白白的药片或是千篇一律的胶囊,而是生动可靠的"康泰克先生",这就大大提高了品牌在客户心中的价值。除此之外,还有著名的"威猛先生""海尔兄弟"之类的品牌,打造出生动可靠的人物形象,来让广大的用户更容易记住他们的品牌,通过增强消费者与品牌的感性联系,缩短用户与品牌的心理距离,使品牌更具有亲和力,从而达到巩固品牌的目的。

✒ 体验笔记

体验曲线
让企业盈利恒丰的 365 个体验
EXPERIENCE WAVE

陶陶居

国以民为重,民以食为天。饮食对于用户来说,就是孔夫子的"食色性也",是刚需,所以市场是庞大的。企业要进入市场分一杯羹,基本没什么门槛,有资金、有产品、有地点就可以进入这个红海打拼。

陶陶居,广州饮食业中的中华老字号,从1880年开始提供广府早茶服务用户。这家百年餐饮老品牌,并不是一帆风顺的,其经历过多次变革依然屹立不倒的一大原因,就在于其历史悠久,特别是在广州西关第十甫的原址,更留下无数文人如鲁迅、巴金等的足迹。网络带来了便捷,造成用户对快速的无尽追求,但也给用户带来了心灵上的混乱。在一个沉淀已久稳如泰山的老店内,能找到内心的片刻安静,让用户回归淳朴的世界。所以就算陶陶居新店走时尚路线,老店的格局还是保留原有设计,坚持原品牌体验。而老店的服务员,在不繁忙时,会与客户谈笑风生建立关系,让用户感到暖心,借此创造口碑营销,也制造回头客。这与网络的冷漠呈现出强烈的对比,再一次让"老"成为核心价值。老品牌,并不一定就会被淘汰。老,在网络时代中,是一种最需要的人情味。

体验笔记

第三章 品牌体验

(一)企业战略

体验曲线
让企业盈利恒丰的 365 个体验
EXPERIENCE WAVE

FASTER、CHEAPER、BETTER

从以前的纯实体到现在的全渠道，看上去好像整个世界都变天了，但其实客户要的并没有改变。客户要的，不就是 faster、cheaper、better 吗？第一个，faster，快点。特别是在移动互联网世界，所有信息都在指尖，再配合上移动电商及超强物流，客户只有没想到要什么，还没有要不到的。企业要比以前快，不然转瞬间，客户就跑到别家去了。第二个，cheaper，优惠点。这个优惠，除了价格上的实际福利之外，在今天供过于求的市场，更多的可能是物有所值，甚至是物超所值。所以，优惠点，不只是价格上的设计，其实更多是价值上的设计。第三个，better，则是推动品牌每天创新的理由。

企业具体要把什么做得更好？在红海市场里，需要强调 FAB，也就是功能（Features）、好处（Advantages）、优点（Benefits），但仅仅这些是不够的，那些能够更好地给客户解决他们问题的才会是赢家。比如智能手机，苹果提供了一款新产品，满足了用户需求，更准确地讲是创造了新需求，这就是创新和价值创造。

体验笔记

品牌承诺

品牌从来不是单纯一个 Logo 或者一种颜色，品牌更多是对一个承诺的兑现。好比苹果，它的承诺就是非同凡想（think different）。而这个承诺，从用户角度，应该贯彻始终。所以，从旅程的起点到终点都要与众不同，才能兑现承诺。

曾经有一个笑话：苹果要进入银行业务，吓得多家大型银行赶紧想对策！一个品牌的建立，是一步步形成的，就好像中国，一步步发展成今天的全球大国，特别在互联网和电商上的地位，举足轻重。中国做出这个品牌，靠的就是持续在一个领域给市场注入能量。中国其实从来没有宣称或者夸大在互联网方面的发展，这些都是市场赋予的肯定。所以，品牌的价值从来不是自己说了算，而是由用户定夺。这也是《品牌鸿沟》*The Brand Gap* 作者马蒂·纽迈耶（Marty Neumeier）在书中提到的关键。在用户为王的时代，用户面对无限信息有限时间（info rich time poor）的时候，品牌体验，更要从客户体验上设计。

体验笔记

复制抄袭

传统的营销，注重4个 P，也就是产品（product）、价格（price）、地方（place）和推广（promotion）。而在移动互联网时代，4P 只是最基础的，企业就算做好了4P，距离盈利恒丰还有很遥远的距离。原因很简单，现在没有什么叫新产品。

一个经典的案例是，国外众筹平台 Kickstarter 的一位参与者做出了一个自拍神器的新设计，邀请市场为其新产品众筹，引来很多人的关注和支持。没想到的是，没多久这个产品就被抄袭，而且以更低的价格推向市场，最后原创者还被人大骂是骗子。新产品的寿命越来越短，因为模仿的能力越来越高，唯独体验是难以抄袭的。比如，迪士尼的体验很难复制，哈雷摩托的狂野也是万中无一，这些，就是体验，是日积月累构建在消费者心中的一把尺子，而体验比产品，拥有更大的竞争力。

体验笔记

聊天机器人

聊天机器人，英文为 chatbot，实际价值有可能被夸大。开发聊天机器人的企业，认为它可以协助企业实现更有效和一致性的客户体验，所以品牌都应该在线上平台设计一个聊天机器人，让客户可以快速得到回应。这个想法，可能是聊天机器人开发企业的一厢情愿。

要说最早的聊天机器人，应该是微信群里的机器人。这个微信群机器人能提供的服务，可以说是包罗万象，从用户的登录数据，到用户的发言记录，再到简单的游戏功能，都是为了带给微信群的群主和群友更好的用户体验。只是，聊天机器人的使用率，不一定会比预期的高。即便是国外的 Facebook，虽然一些品牌页已经安装了聊天机器人，但使用率并不高。毕竟，聊天机器人不是人。或许当聊天机器人的技术成熟到与人无异，仅保留一点不完美，聊天机器人与人的交往才会更牢靠。品牌面对的始终是有血有肉的人类，而人类始终有人性，人类的真实性是不可以被忽略的。

体验笔记

体验曲线
让企业盈利恒丰的 365 个体验
EXPERIENCE WAVE

开放市场

在封闭市场,客户体验的重要性下降。比如一些银行,由于历史原因,垄断了部分业务。因为顾客不能选择,所以银行不重视客户体验。

不过,很多股份制的银行都有所转变了,例如广发银行可以在 App 上预约取号,平安证券、平安银行也早就可以线上视频开户了,极大地方便了顾客。

在将来,随着市场的不断放开,这些注重客户体验的企业,运用创新科技手段,才会不断赢得客户,实现基业长青。

体验笔记

杜蕾斯

在互联网经济趋势下,用户的追求越来越趋向于离不开短、平、快,外卖是大家最熟知的一个行业。另外,还有什么服务、产品需要通过定位快速送达?药物、汽车保险服务、基于即时位置的安全保护等。

杜蕾斯一直走在营销尖端,从用户角度出发。杜蕾斯在迪拜提供定位快速送达避孕套服务,虽然是噱头,但深层次去思考,再一次证明了杜蕾斯的用户导向思维非常到位。

尽管杜蕾斯一直提供性趣产品,但偶然也会提醒用户使用性趣产品后的结果,强化杜蕾斯产品的功能,回归到其最基础的避孕效果。

"紧急快递杜蕾斯"这个广告,就是为了预防用户未来的痛点(在没有准备的情况下生下小孩)而设计的。杜蕾斯,用简单的方式,玩尽用户的痛点与乐点,奠定了性趣工具的王者地位。

体验笔记

优步（UBER）

优步成立于2010年，是一家提供出行解决方案的企业。优步的"互联网＋交通"所带来的共享经济概念，颠覆了用户的消费习惯。优步的使命是"bring transportation —— for everyone, everywhere."简单来说，优步就是要给用户带来前所未有的方便，但这个方便，也不是一视同仁，而是需要定制的。

作为一家全球领先的移动互联网公司，面对的客户是来自世界各地的。优步为不同国家及地区的用户开创了登录活动页面定制专属音乐视频的特权，同时基于位置的个性化、5000个故事以及歌曲的组合，为每个用户创作独一无二的MV。这个贴心的体验设计，赢得了用户的好感。针对不同地区的特点，做出不同的战略，也是优步能够成功渗透进全球市场的重要原因。

体验笔记

会员制度

会员制度的开创者,应该是亚洲万里通。会员制度的设计初衷,是通过小便宜来鼓励会员重复购买,很多客户确实会因为亚洲万里通的这个设计而不离不弃,用一辈子赚的钱,去更多的城市,丰富其人生体验。

小便宜,只是一个起步,更重要的其实是整个体验旅程,所谓获客容易留客难,良好的客户体验才是客户对未来会员权益的最大预期。可惜,很多行业如美容院、餐厅、超市等邯郸学步,以为小便宜就是万能,投资客户关系管理,建立积分奖励计划,却忘记设计客户体验。而山姆的付费会员却能达到70%的续费率,这虽与山姆强制性会员制度有关,但横向比较,其实是用户在山姆与其他超市之间选择了前者,山姆的货物质优价廉品类齐全,是其他超市难以企及的。

小便宜,打的是利润战,下策;体验,打的是心理战,上策。

体验笔记

099

体验曲线
让企业盈利恒丰的 365 个体验
EXPERIENCE WAVE

美国超越肉类公司（BEYOND MEAT）

畜牧业的温室气体排放量比其他行业的要大许多，所以全球气候逐渐变暖，畜牧业是原因之一。为了保护地球环境，香港绿色环保素食组织 Green Monday 便推行了"绿色星期一"活动，通过每个周一的素食行为，倡议全民开展绿色饮食，为环保出一份力。而一周一天，也是精心设计。改变饮食习惯，不可能一步到位，所以便从一小步开始，降低抗拒感，让客户慢慢适应，最终接受素食。为了成功保护地球，Green Monday 不遗余力，与美国洛杉矶一家制造100% 全植物成分的肉类替代品制造商"超越肉类公司"（Beyond Meat）合作，协助客户改变素食是单调和枯燥的错觉。Beyond Meat 能制造出不必源自动物，却同样富含营养的"素肉"，比如其研发的无鸡肉鸡柳条（Chicken-free strips），无论是外观还是口感或是它的营养价值，都和真的鸡肉没有差别，甚至更好！"品牌一世"，就是坚守给客户的承诺，并且为了遵守承诺，不懈努力。

体验笔记

宝洁（P&G）

2005年，托马斯·弗里德曼（Thomas Friedman）出版了一本书，名为《世界是平的》*The World is Flat*，核心信息是全球化使全世界的人们可以空前地彼此接近，迫使人们要跑得更快，才能拥有一席之地。这是令人震撼的，因为原来地球不知不觉已经不再圆了。地球平了，企业自然会到处开拓机会，但强龙不压地头蛇，要在异地成功获取市场份额，谈何容易？生物学家达尔文（Darwin）早在1872年就发现了"适者生存"的自然定律。所以，强龙要与地头蛇并存，就需要充分了解本土文化，然后才能本土化。全球知名日用消费品公司宝洁（Procter & Gamble）在中国市场的本土化非常成功。从1988年宝洁进入中国市场开始，在每次铺天盖地的产品广告中，从来看不到"美国"的字样，而且其选用的模特无一人来自国外。另外，所有推出的产品名字，都是广泛调研后产生的，更有不少是中国客户参与的结果。企业要设计好的本土化品牌体验，就必须明白"满招损谦受益"的道理，否则，只会让东道国的客户水土不服，最后导致败北。

体验笔记

101

体验曲线
让企业盈利恒丰的 365 个体验
EXPERIENCE WAVE

谷歌（GOOGLE）

随着线上购物越来越流行，各行各业纷纷在线上开设店铺，然而线下的实体店同样不可忽视。比如著名科技企业谷歌公司，在线上取得了巨大成功之后，也开设了实体店，以缩小物理世界与虚拟世界的鸿沟。第一家谷歌品牌的实体店在伦敦开张，它是一家店中店，位于英国电子零售巨头 Currys PC World 的一家卖场中。谷歌同年还开设了 Winter Wonderlabs 临时快闪店，用于圣诞节推销。事实上，除了谷歌，亚马逊也开设了线下实体店；eBay 还开设了快闪店和线上下单线下提货店。对于线下开店，谷歌表示，"我们已经有了不少好的产品，现在是时候开一家店，为消费者打造一种全新的独特体验，让他们使用这些设备和网络服务。"其实，盈利恒丰的企业，始终是客户导向。客户喜欢在哪儿和习惯在哪儿，企业就应该在哪儿。线上线下，只是一个渠道，但别管哪一个渠道，最重要的是客户心里是否有企业。客户心里不存在企业，哪怕全渠道也没用。

体验笔记

雅诗兰黛（ESTEE LAUDER）

雅诗兰黛——以抗衰修护护肤品闻名的全球最大的化妆品和美容品公司，是品牌差异化的设计专家，它为适应不同市场品味而设计了不同的子品牌。雅诗兰黛在客户人群的定位上十分明确，倩碧（Clinique Laboratories, LLC.）品牌用以迎合那些惜时如金的中年妇女以及喜欢经典赠品的女性；对于年轻时尚的消费者而言，MAC品牌可以将她们装扮成帕梅拉·安德森或玛丽莲·曼森；对追捧新潮香料的顾客，可以选择爱凡达（Aveda）品牌，其以朴实的品牌起源，萃取纯粹的植物精华的工艺和科学，达到了大自然与人之天性的完美融合。雅诗兰黛对于目标客户的市场划分十分明确，它能够针对不同的客户需求来细分其市场和品牌的定位，细分定位不仅能刚好满足客户需求，同时也在客户间建立了强大的品牌区隔认知，为后续的产品线延伸和客户认知作了完美铺垫。这就使雅诗兰黛的营销力量不再像散弹枪那样分散，而是像狙击枪那样瞄准在最有价值的客户身上。

体验笔记

无印良品（MUJI）

无印良品在经济危机中创造"Muji 神话"后，终于在二十世纪初首次出现了危机。此时，松井忠三被任命为无印良品的社长，临危受命的松井忠并没有像一般公司那样裁员、胡乱整治，而是对症下药。他认为公司没有整体的文化和核心，于是从公司的整体战略入手，回归品牌本心，以无印良品的核心哲学"质朴"调整商业模式并迅速建立管理机制，从理念出发，从细节着手，采用可持续发展的材料、简易式包装、绿色环保的工序，坚持一贯质朴的原则。最终使无印良品保持了市场上的独特性，也迎合了大众对绿色潮流的追求。这一整体战略的确立和坚持，让无印良品度过了危机时刻，迅速回归并占领市场。

体验笔记

爱步（ECCO）

全球化，是大部分品牌追求的目标。一般来说，品牌在本土建立起来，就是从零到一的过程，那么，品牌如何从一到恒，迈向国际？

爱步是北欧丹麦鞋履品牌，自1997年进驻北京，就一直伴随着中国市场的迅速发展而发展。任何零知名度的品牌，第一步都离不开先打造品牌，尝试占据用户的印象份额，而最简单的方法，就是通过代言人快速传播品牌到目标用户。市场知道了，并不等于成功，真正的成功，是开始有转化，而转化的基本条件，就是爱步的体验。

爱步的制鞋理念是"鞋必须遵循双足"。为了兑现这个品牌承诺，爱步成为全球为数不多完全达到资源垂直整合模式的制鞋公司之一，即从皮革原料的生产，到设计研发和产品制造，再到批发和零售终端，也就是整个价值链都是由爱步直接监管，以确保给到用户的都是高品质的产品，保障体验。虽然爱步站稳了脚，但从不松懈。随着电子商务的兴起，爱步也积极拓展网上销售渠道，以适应迅速变化的销售环境。爱步无论从感性和理性的体验都设计得非常周到，这也解释了其业务持续增长的原因。

体验笔记

亚瑟士（ASICS）

亚瑟士是成立于1949年的日本运动品牌，其名字的设计大有文章。亚瑟士由拉丁名言"Anima Sana in Corpore Sano"中每个单词的第一个字母所组成，意思是"健康的体魄孕育健全的精神"。这个名字，已经清晰表达了品牌要给用户带来的体验。

"品牌一世"，就是要遵守给客户的承诺。所以，亚瑟士在品牌体验的设计历史中，始终围绕着这个核心。比如，亚瑟士在1992年发布的蓝色螺旋Logo，其实是拉丁字母a，代表了运动的速度与动感，默默地在传达亚瑟士的品牌价值。然后，在26年后的2018年，亚瑟士推动的"I MOVE ME 动出我世界"，再次向客户传递品牌体验，鼓励用户通过活动来养成健康的生活方式。而这次活动，更找来"流量明星"，将品牌更为年轻的理念传递给客户，号召更多年轻人"动出我世界"。品牌体验设计，是一个细水长流的工程，每次的优化，都应基于初心，不是一成不变，而是更好地活出品牌价值。

体验笔记

中国平安

众所周知，中国平安作为"世界500强""中国顶尖企业榜"企业之一，有非常强大的实力，从最初的小保险公司发展成现在的综合性金融企业。中国平安的战略随时代不断调整，是它能够不断壮大，成为国人信赖的保险品牌的重要原因。

在金融危机波及中国的时候，中国平安凭借实力和正确的应对战略，主业发展稳健，综合金融服务体系建设得到突破与深化，同时积极参与着公益慈善事业，将其作为公司经营战略的一个重要项目。在适应金融市场过程中，中国平安的品牌战略从以单一保险业务为主向综合金融方向全面转型，具有里程碑意义。近期，中国平安又适应时代发展，提出了"金融+科技"的双驱动战略。在公司战略的不断调整中，中国平安实现发展与壮大。

体验笔记

体验曲线
让企业盈利恒丰的 365 个体验
EXPERIENCE WAVE

107.

万科

企业都有生命周期,在生命周期中有高峰也有低谷。许多企业在低谷期没有实施正确的应对策略,从此一蹶不振,直至破产,但是,也有的企业,在企业的生死关头能够审时度势,制订正确的战略,从而挺过难关,再创辉煌。

万科集团(China Vanke Co.,Ltd.)是国内房地产产业的标杆企业,曾经进军过纯净水等领域,但是在后来自身产业出现危机时为了专注于主业,分别将有望成为全国性品牌的怡宝饮用水和万家超市卖给了国有企业华润集团,选择房地产为主营方向。这在当时被很多业内人士惋惜,但今天回头来看,由于万科卖掉了这两个品牌,还舍弃了商业地产并专注于住宅地产,才成就了万科中国住宅地产第一的位置,使万科得以蜕变,获得了向下生长积蓄能量的机会。

这就是万科的"减法"聚焦战略的精明之处!一个品牌的盛开,并不需要在不同领域百花齐放,很多时候,可能在一个领域做到一枝独秀,更能让用户忘不了。

体验笔记

健力宝

作为中国民族运动饮料奠基者的"健力宝",1984年洛杉矶奥运会后一炮走红,被誉为"中国魔水"。"健力宝"何以能从一个默默无闻的小酒厂发展成为一个现代化、多元化的外向型集团企业,且其产品覆盖全国?其成功之道在于有效掌握了品牌体验的三个元素:企业战略、品牌价值、无界互动。

从战略上,健力宝有强烈的市场意识,认识到客户渐渐重视健康,便将其品牌定位成保健型饮料,及时迎合了市场趋势,比竞争对手抢了先机,也就是先动优势。

前两步走到位,健力宝并没有对第三步松懈。企业战略是企业对未来市场的一个设计,品牌价值则是企业优势和市场需求的整合,而无界互动就是品牌价值与市场的接轨。健力宝抓住各种时机以其猛烈的广告攻势强化品牌价值,比如在国内外体验竞赛大做文章,更邀请体操王子李宁为"健力宝"产品做形象代言,成功树立了品牌形象。

体验笔记

109

旅行社

目前的旅行社门店大都可以提供国内外机票、酒店、旅游、签证等服务，但同类型线下做得好的旅行社，有很多具有垄断核心产品和很强的品牌及服务。这样的传统旅行社门店如何在强大的互联网市场上生存并且做大？

答案是分析客户的消费习惯，了解用户的旅游模式，比如是个人旅游、工作出差还是家人同行等。用户去旅游，在需求阶段选择行程的时候，都是基于希望得到一个什么样的旅程来做决定。如果是奢侈豪华的，用户便会选择能提供特别信息的渠道来帮助自己编排行程，这可能有利于旅行社的贴身服务。如果是个人旅游追求探索的，便需要大量资料调研，此时用户可能更倾向选择线上不同资讯来落实出行安排。旅行服务不管线上线下，若能从用户的目的出发，设计有关服务，建立全面的用户体验旅程思维，便能更好地提供好体验。

品牌体验是由用户定义的，所以小门店应该依据市场的痛点和用户的需求来设计客户体验。只要让客户在整个体验旅程中获取难忘的体验，品牌体验就能慢慢建立起来，做大不应该是企业的目的。企业生命周期就是一个循序渐进的过程，从零到一，再从一到恒。处理好从零到一的过程，之后的从一到恒就能稳固地实践出来。

体验笔记

HUMAN TOUCH

现今市场上各种各样的品牌数不胜数,一个品牌要在众多品牌中突围而出,就要走在竞争对手的前面,或者最起码要跟竞争对手相当,绝不应该落后。

Human Touch,一家以经营居家物件为主的香港公司,生产基地设在泰国,市场定位很特别,以"情"为主要设计方向,包括亲情、爱情、友情等。三种感情间的区别是,友情多表达鼓励,爱情表达情侣的甜蜜,而亲情则是表达对父母的感激。一直以来,Human Touch都是以实体店为主,但因互联网时代的到来,客户的购物习惯也转移到了网上,于是 Human Touch 及时改变了企业战略,将一半的业务量搬到了互联网上,避免了被时代淘汰的危机。而其网上商店的设计风格与实体店如出一辙,就是保持以爱为主调的形象,给予客人亲切的体验,这就做到了线上线下体验的一致性。品牌,是一种承诺。企业的战略可以改变,但是承诺和体验应该做到"恒久远"。

体验笔记

九阳豆浆机

九阳,对于豆浆爱好者来说并不陌生,因为九阳就是豆浆机的代名词,在行业中拥有领导者地位。市场从来就是这样,哪里有机会,哪里就有竞争。所以美的、苏泊尔等企业也纷纷进军豆浆机市场,尝试分一杯羹。

作为龙头品牌,九阳并没有在营销上花太多功夫,反而是回到基本,从客户的目的出发。九阳去了解客户饮用豆浆的一些疑虑点,比如:哪种大豆做豆浆最好?哪里可以买到好的大豆?可以多种大豆一起混搭吗……原来客户购买豆浆机是为了喝到比市面上的成品更优质的豆浆,九阳认识到了这一点,便毅然重资投资大豆生产产业,创建大豆品牌"阳光豆坊",开创了食品饮料加工设备企业进军产业上游的先河。九阳的战略设计,关注的是如何将客户的痛点转化成为乐点。

体验笔记

3C

香港有一个名为跑马地的住宅区，一直以来有一家文具小店在此经营，自80年代起已经在服务区内的民众和学生，直到2017年，这家文具小店终于迎来多家迟来的文具店的挑战。人们本以为老文具店根本不用理睬，毕竟在区内已经有30多年历史，但没想到老店改变作风，放弃了以前周日休息的习惯，原因就是新文具店经营七天！老店改变常态，表面是为了迎战，但更多是因为用户期望已经提高，为了更好地创造用户体验。

这就是3C——由日本教授提出。第一个C，是competitor，竞争对手；第二个C，是customer，客户；第三个C，是company，企业本身。竞者所提供的，自然会形成客户的期望。在乎客户体验的企业，便最起码要比得上竞者，甚至超越，才能赢得客户的关注。特别在移动互联网时代，信息就在指尖，如果还在依靠价格吸引客户，实在是死路一条，因为价格可以低处未见低。

企业想要突围而出，更需要从体验出发，因为体验就是企业的核心竞争力。

体验笔记

小米科技

随着科技的进步与发展,产品的生命周期越来越短,用户对于情感体验的需求超过了对功能体验的需求,这也解释了为什么体验越来越重要的原因。小米科技自创建以来,逐渐成为最有价值的科技创业公司之一。小米的企业战略很注重的一点就是与用户互动,提升用户的参与感。

小米联合创始人黎万强在《参与感:小米口碑营销内部手册》中写道:"只有让企业和用户双方获益的参与感才可持续。"手机是天生的强互动性产品,小米很自然地从社区入手,和粉丝互动,回答粉丝们的问题,给粉丝直接的交互体验。不管是米粉还是米黑,都不得不承认,小米是社群运营非常成功的公司。在虚拟世界,很多时候的互动都是遥远且不够真实的;而在实体世界的真实互动,可以让用户进行更深刻的体验。并且,社群营销,更能发挥一传十、十传百的效果,做到病毒营销。

管理之父彼得·德鲁克说过,企业目标唯一有效的定义就是创造顾客。但在互联网时代,创造客户已经不够,更需要的是创造会创造更多客户的客户。

体验笔记

手工啤酒品牌 MOONZEN

自古以来,酒在人民生活中都充当着非常重要的角色,李白在《将进酒》中写道:"人生得意须尽欢,莫使金樽空对月。"传统的啤酒品牌,面对大市场,都是大量生产,只会在特别的节日,才做出特别版,以给客户带来新鲜感。但用户从来就是贪新忘旧的,所以手工啤酒就有了生存空间。

香港一家手工啤酒品牌门神,虽然只是两夫妻在2013年开始的小生意,但也有清晰的企业战略。其品牌是以中国民间传说为本,以香港文化为根。而选择门神为名,是因为门神是入口的守护神,可以驱邪避恶,保佑一家平安。这个难能可贵的事物,就如门神的手工啤酒,由顶级的酿酒设备,再加上精酿啤酒的满腔热情而成,每一瓶都难能可贵。门神也定下三个品牌价值,分别是发扬中国文化、服务于社区及与当地艺术跨界融合。所以,门神的产品不会出现不具有中国文化的酒款。门神的老板娘黄畅雪(Michelle)认为,想要公司良好地发展,需要在创造性和盈利两者之间找到一个平衡点。一家建在大厦里的小酒厂,坚守品牌价值,保守文化底蕴,才能一步步壮大,走向恒丰。

体验笔记

三只松鼠

三只松鼠，中国第一家定位为纯互联网食品品牌的企业，也是当前中国销售规模较大的食品电商企业，其天猫旗舰店销售额连续六年位列全国食品类第一。三只松鼠的成功之道，离不开其明确而准确的企业战略。

三只松鼠紧跟互联网和电商发展的趋势，洞察到年轻客户的网购习惯和零食类产品品牌的相对空白，大胆地开创了纯互联网食品品牌。三只松鼠以客户为中心，通过创新产品和营销设计，来践行这一战略。

首先，三只松鼠的名字和品牌形象就对产品类型作出了精准定位，明确了以坚果类产品为主打；再者，三只松鼠产品采用原木色调的包装，给客户一种从大自然寄来包裹的感觉，吸引了网购主力军——年轻消费群体；第三，三只松鼠极为注重客户体验，包装内配备果壳袋、湿巾和食品夹，在客服方面，使用个性化网络语言，增加趣味性。

三只松鼠的这些创新，都是基于其互联网食品品牌的战略，立足年轻消费群体，打造了非凡的品牌体验。

体验笔记

第四章　品牌体验

（二）品牌价值

品牌承诺

"住好啲",英文翻译 G.O.D.,是来自香港的一个生活品牌。"住好啲"是广东话,意思是住得好一些。光是品牌名字,已经突出其品牌个性。试问,有多少品牌会用神来命名?而这个选名,容易吸引人的眼球,走出了成功的第一步。最起码,用户会问,G.O.D.?啥来着?拜神的吗?在品牌海量的市场里,用户能讲得出品牌的名字,已经很不错。

好的品牌体验,不只是一个好名字,而是贯穿整个体验旅程,始终兑现其品牌承诺,不会让用户在某一个触点失望。所以,在产品设计方面,G.O.D. 并没有跟随其生活品牌的传统做法,在产品外观和功能上下功夫,而是在包装设计上,结合了香港的老文化和时尚的新潮流,玩起了跨界体验。

从体验出发的一个特点是:价格空间放大。就拿一个卡套为例,在普通文具店买,不到港币2元,但在 G.O.D.,就要几十块钱!这个溢价之所以能够实现,原因之一是因为 G.O.D. 卖的是体验,而不是产品。简而言之,用户能通过 G.O.D. 获取一种精神性消费,精神消费的本质是追求差异化及身份感,因此这种消费体验普通的品牌很难达到。

体验笔记

爆发基因

爆品，可以理解为市场里最火的东西，也最容易得到用户关注，所以爆品可以说是任何企业都梦寐以求能打造出来的必杀技。而爆品依靠什么才可以成功？关键在于爆品基因。其实这个基因就是如何从零走到一的过程。如果爆品本身有爆发基因，这个不是由零到一的过程，而是已经多半步的优势。营销有一个经典说法，冰冻的可乐也有方法卖给在北极生活的爱斯基摩人。可乐的爆发基因，就是如何设计体验让用户爽个够，这也是最基础的一步。不是问产品有没有爆发基因，而是说应该如何去设计这个爆发基因。

体验笔记

危机管理

《礼记·中庸》有云："凡事预则立，不预则废。"意为不论做什么事，事先有准备，就能得到成功，不然就会失败。

很多企业只懂得向前冲，忘却了危机管理的重要性。有时候，危机处理不好，便是"千年道行一朝丧"。比如香港麦当劳的"福喜事件"，在2014年，香港麦当劳爆出用"黑心肉"的丑闻。而麦当劳的处理方法，实在敷衍，一直对于"福喜"闭口不提，而后在网民的压力下，才承认美国福喜集团是香港麦当劳的供应商，上海福喜并非本港供应商，但不肯透露供货来源。翌日，麦当劳被证实有进口河北福喜的麦乐鸡，但其却拒绝回应。直到谎言被网民和食环署戳穿之后，麦当劳才发声明致歉，声称翻查记录，才知曾进口事故食材，并解释说是被上海福喜的质检报告骗了，已停用其提供的食品。

麦当劳这次的危机处理，可以说彻底失策。现在的公关和以前已经大不相同，更多的是要面对网络世界。所谓真的假不了，假的真不了。企业真的出现问题，应立马启动危机处理程序，用最短时间化解危机；若是网络谣言，就先协助用户别被误导。当然一些企业有意思的做法是一笑置之，这就见仁见智了。

体验笔记

承诺兑现

品牌始于一个承诺，终于一个兑现。而这个兑现，不只是一时三刻或者某时某地，而是在任何时候任何地方都要实践承诺，不辜负用户的期望。品牌与用户的关系好比婚姻，当一对夫妻在教堂里跟对方说"我愿意"之后，彼此就承担上一辈子的责任。只要一方在人生路途上违背了承诺，背叛了对方，这个关系就会马上亮起红灯，甚至以破裂收场。嘴巴上的爱一文不值，行动上的爱是无价之宝。特别在移动互联网时代，用户随时随地都可以对品牌发表意见，品牌必须要把对的事情做对，错一步就会满盘皆输！

体验笔记

言行合一

品牌体验和成熟度从来不是由企业定义，而是由市场、客户甚至是员工来定义。与以前靠渠道销售产品时代对比，这是一大转变，以前，品牌说什么基本就代表什么，比如苹果说他非同凡想，市场在没法比较之下，都选择相信。但在互联网时代，信息就在指尖，品牌的催眠效果，已大不如前。品牌当然还需要有清晰的定位，与竞争对手有明显的区别，但更关键的是，市场认同品牌定义的这个价值。而品牌体验的好与坏，取决于品牌给用户的承诺是否在整个体验旅程中的每个触点都一一兑现。比如苹果定位为非同凡想，那用户就会在与苹果的每一个互动中都与其承诺作对比。这些被评估的触点大到产品本身、门店、客服，小到店内的 WiFi 供应，只要其中一个触点与非同凡想背道而驰，用户就会怀疑苹果的品牌价值。言行合一，大概就是品牌价值的关键。

体验笔记

品牌精神奴隶

Motista 联合创始人兼 CEO Scott Magids 这样描述其产品:"要让消费者满意很容易,但是要让他们达到一种精神依赖就没那么简单。这也就是说,当一款产品的质量很好且工作出色时,你会感到很满意。但是要达到一种精神依赖则意味着你能从中感受到爱或者接近于爱的感觉。这让人们觉得从中获得了巨大的能量,它让自己变得更加的聪明以及更加的富有。"

所以,当人们成为一种服务或者一个品牌的精神奴隶后,会购买更多的产品或者服务,并不断向自己的朋友推荐。

品牌精神奴隶一词,从企业角度出发,失去了对用户的尊重,也漠视了用户体验。最早将用户分类的,大概是航空公司,如头等、商务、经济舱。然后就是银行业,推出不同的信用卡级别。对客户进行分类,并按类进行体验设计,是好还是差?如果分类能让用户得到更好的体验,就是好的分类;如果分类只是为了方便企业营运,那就值得讨论。

正面案例:航班按服务水平把客户分类,客户按自己需求使用不同价值的服务,这是双赢的体验。

负面案例:呼叫中心私下以客户行为分类,比如麻烦、啰嗦、好客等,在提供服务前已经给客户贴上不必要的标签,到了真正与客户互动那一刻,体验已经扭曲。

体验笔记

蒂芙尼（TIFFANY）

蒂芙尼（Tiffany）是世界著名珠宝品牌、美国殿堂级设计名门，曾经设计出一款售价高达13000元人民币的18K金曲别针，让好多人瞠目结舌。于是，很多人说：贫穷限制了想象力……但奢侈品的存在本来就是一种想象力的体现，正是天马行空的想象力赋予了品牌与众不同的价值。很多人不理解奢侈品的价值到底体现在哪里，仅仅是价格的虚高吗？然而大多数有钱人选择奢侈品牌，并不只是浅薄地因为它的优质或是身份象征，更是因为奢侈品牌背后沉淀的故事。

有人曾说："真正有想象力的有钱人从来不会为了参数买单，也不会为了材质买单，他们只会为传奇买单。"就像这枚18K金的曲别针，它的价格远高于18K金的价值，但仍有人愿意支付超过它本身物质价值的价钱，这就是品牌的力量以及它沉淀下来的传奇的价值。"品牌一世"，就是要有独一无二、与众不同的品牌价值，给客户一个离不开的原因。

体验笔记

汉堡王（BURGER KING）

全球第二大快餐连锁企业汉堡王（Burger King）有一个口号，"我选我味"（Have it your way），意思是除了餐牌上的产品，只要客户有额外要求，汉堡王都会尽力满足。汉堡王的口号，成为了客户的期望，而这个期望，也成了品牌承诺。Have it your way，是焕然一新的，给客户有选择的权利。可惜，汉堡王没法贯彻执行承诺。汉堡王全球都有分店，但越南机场内的汉堡王，便让客户失望。客户若选择培根芝士汉堡然后要求额外加上蘑菇，该店竟然没法满足。在香港和马来西亚，都能兑现 Have it your way 的承诺。汉堡王没法做到地域一致性，部分客户便会因此对汉堡王的品牌价值失去信心。虽然客户"招聘"汉堡王的目的是快速解决饥饿的问题，但这并不代表，企业就不需要重视品牌承诺，敷衍了事。一次的期望落差不会马上给品牌带来致命的伤害，客户可能还是会回头，但选择排位就会相对落后。如果企业不认真聆听客户的之声（voice of customer, VOC），改善情况，长远而言，品牌在客户的心中便可有可无。相反，好体验能强化信任。而信任，是任何长远关系的基础。在谎言多于实话的市场里，企业只有做到说话算话，才能慢慢获得客户的信任。

体验笔记

香奈儿（CHANEL）

香奈儿是法国著名奢侈品品牌，产品种类繁多，有服装、珠宝饰品及其配件、化妆品、护肤品、香水等。其创始人加布里埃·香奈儿（Coco Chanel）的口头禅是"流行稍纵即逝，风格永存依然是品牌背后的指导力量"，并以此奠定了香奈儿的品牌体验。香奈儿的拳头产品5号香水（Chanel No.5），为了更好地针对和吸引目标客户，特地将其终端专柜、专卖店等开设在高档百货、五星级酒店、高级会所等富甲名流聚集的地方，而一般的场所则难以寻觅到香奈儿5号香水的芳踪。这个设计，就是为了清晰传达品牌的核心价值所进行的。高档奢侈的地方，彰显出来的是香奈儿5号的高档气质。事实上，一个品牌想要像香奈儿一样做到"品牌一世"，就要懂得怎么以品牌的核心价值为中心，建设适于体现品牌体验的终端销售，把品牌价值做到让所有目标客户都能够认可和赞赏。企业不仅仅要做到让品牌核心价值与外在形象一致，更要尽可能做到高水平一致，让客户能够深切感受到品牌的核心价值及其差异性，这样才能使客户对品牌忠贞不渝。

体验笔记

NBA

NBA这三个字母给用户的体验，就是要享受比赛，投入其中。所以，每次比赛，从用户踏进场馆，NBA就开始为兑现这个品牌承诺，在每一个细节上进行设计。比如洗手间，如何缩短用户的等候时间确保不影响用户欣赏球赛的体验；比如啦啦队，如何维护用户高涨的情绪，让用户融入NBA三个字母当中；比如吉祥物，如何丰富球赛体验，让刺激的气氛带点娱乐。这一切的设计和安排，都是为了兑现品牌承诺。品牌是许下承诺与践行承诺的循环，只有通过产品、服务、流程、环境等各个方面的体验，将传播中许下的品牌承诺兑现，才是真正地树立品牌，才有可能赢得用户的喜爱和尊重。

体验笔记

汉堡王玩火

汉堡王（Burger King）的汉堡，都是用火（fire）烤出来的，跟竞争对手麦当劳的不一样。为了协助客户更好地区分汉堡王和麦当劳，创建差异化的品牌体验，汉堡王就用"fire"一词，设计了一个另类线上营销活动。选择的渠道，也远离传统的 Facebook 或者 Instagram 这类大平台，落地在领英（LinkedIn）。Fire 除了有"火"的意思之外，也有"被辞退"的解释。领英的用户只要勇敢地说出"我被辞退了"，就能获得奖赏！前100名参与的用户，能得到专业职业咨询，协助早日找到工作。前2500人在特定时间，就可以得到免费汉堡。这个活动，虽然迅速得到回应，但在某些比较保守的国家，就引来负面效果，使品牌形象受到冲击。那么，企业是否应该在别人的伤口上撒盐？品牌体验就是这样，各花入各眼，有人欢喜有人愁。如果只是顾及品牌体验的设计，而忽略客户体验，就不能做出体验曲线的效果。

体验笔记

全球民宿预订平台爱彼迎（AIRBNB）

爱彼迎（AirBed and Breakfast, Airbnb）是一家全球民宿预订平台，它的独特之处在于把房主与旅客连接起来，让拥有空置房屋的屋主能够通过出租房屋获利，让旅客能够以较低价格入住当地民宿，体验风土人情。但平台的运营，不应该只是建立一个信息的集中地。平台要想打造良好的品牌体验，实现盈利恒丰，更应该通过协助客户体验的建立来丰富自身的品牌价值。网络上有不少旅客吐槽住爱彼迎民宿的不愉快体验，诸如被收取大额清扫费、房东不提供洗漱用品且没有提前说明、房屋卫生条件差等……这些虽然更多是房东的个人因素造成的，但旅客因此经历不愉快的住宿体验后，对爱彼迎的印象与忠诚度肯定大打折扣，受损的是这个平台的品牌价值。所以爱彼迎要协助好体验的建立，例如建立相应机制规范对房东的管理和对出租房屋的要求、完善奖惩机制激励房东为旅客创造良好体验等。平台只有从客户的体验出发，以用户设计思维丰富自身的服务和功能，才能实现和丰富自身的品牌价值，否则只会丢了客户、自损品牌。

体验笔记

范斯（VANS）

范斯是美国原创极限运动潮牌，受到全世界年轻人的喜欢。这不仅在于范斯家的衣服鞋子质量好、口碑好，更在于其产品理念吸引了众多想要表达自我的年轻人，契合了新一代年轻人的新颖独特的想法。

范斯的口号是"Off the wall"。"Off the wall"是20世纪70年代中期滑手使用的滑板动作术语，代表着一个特殊动作。那个时期的滑手大多特立独行，因此他们选择用独特的极限运动来表达自我。这种理念渐渐吸引了其他领域的年轻人，波及到艺术、音乐、时尚等领域，形成了一股潮流。范斯选择这一句作为自己的口号，也使得这一批年轻人成为自己的品牌粉丝，直到现在范斯作为潮牌依然向年轻人传递着这样一种理念，表达自己、做自己、张扬个性。可以看出，范斯与同类商品相比，款式并不是年年上新，反而是基础经典款式每年卖出最多，价格并不便宜，多出的价格并不是完全用来填补成本的缺口。品牌价值，关键在于如何与竞争对手不一样，而设计这个不一样，可以基于品牌的独特性，也可以针对市场痛点。作为运动潮牌，范斯从潮人玩意滑板出发，借着跨界力量进一步强化其品牌定位。

体验笔记

达能集团

大多数国人可能对达能集团不太了解，但对脉动、依云、碧悠、Nutrilon 等，一定非常熟悉。达能是世界著名的食品集团，是一个业务多元的跨国食品公司。

在法国、意大利、西班牙、美国、中国甚至印度，你都能看到达能集团的产品，它们甚至与当地的民族产品并驾齐驱。达能能够在短短的几十年时间里，让品牌迅速扩展至全世界，成为全球食品市场不可小觑的力量，在于企业一直坚守着自己的品牌核心——健康。同时，达能将研究和发展作为政策重点，不断与最新的科技同步，不断为品牌注入新的活力，满足消费者日新月异的需求和口味。

达能能够利用技术，在尊重各国消费习惯和饮食习惯的前提下，提供适合各国的产品，例如印度的 Aqua、阿根廷的 Villa del Sur。技术和品牌信仰是达能在全球扎根的关键，例如 Actimel（一款益生菌酸奶饮料）能够迅速进军市场是因为它除了含有普通酸奶有的两种乳酸菌外，还含有一种特殊的发酵菌 L.casei。如今，达能已经成了健康的代名词。每当达能出现一个新产品，人们都愿意去尝试，甚至将尝试转变为长期消费，这就是品牌价值的力量。

体验笔记

日本大创

大创是日本百元店的元老,销售额巨大,占据着很大一部分亚洲小商品的市场份额。大创从国内走向国外,在韩国、新加坡都有了分店。从国内来看,大多数消费者对低价零售业的看法是,低价低质、产品档次不高、品种少,但大创却创造了这个行业的神话,营业额巨大,曾经超越了 HomeCenter。日本居民可能一周都不会去超市采购一次商品,但会去大创选择自己喜欢的商品。

大创的经营哲学是"制造购物的乐趣",同一件商品,会有各种款式、颜色来刺激消费,消费者经常会为了捡便宜,而向喜好妥协,大创既给了消费者低价,也让消费者得到了满意的商品。除此之外,大创的品牌价值还在于质量,在大多数零售商都为了降低成本而偷工减料的时候,日本严格的法律环境却让大创始终保持着高质优质,这是大创的客户从不流失的重要原因。在门店,大创的商品摆放绝不像大甩卖那样杂乱无章,而是有分类、有及时补货。大创的品牌价值就在于它从各个方面创造了同类商品没有的细节,在价格优势的前提下,又形成了自己独特的经营模式。

体验笔记

海底捞

企业在成长壮大的过程中，难免会出现危机，而在这个时候，也最考验企业如何从逆境中走出来。

事实上，错了就是错了，认错挨打也要站直，人孰无过？但是很多企业遇到公关问题时的条件反射就是"因事除人"，即声明开除涉事员工，处分相关负责人，将企业的责任撇得干干净净。然而海底捞，一家连锁火锅餐饮企业，却能够反其道而行之，在火锅店的卫生安全事件爆发后，发表了一系列处理通报。上午海底捞还沦陷在讨伐声当中，下午却成功逆袭，让不少人刮目相看。这要归功于海底捞的危机公关管理："这锅我背、这错我改、员工我养！"在危机爆发之后，海底捞的第一反应是不推卸责任，而是承认错误，并且作出行动承诺。在公众面前不推锅给员工，反而保护员工。

在网络舆情中见惯了各种推诿指责和敷衍了事之后，海底捞却让人惊喜。"品牌一世"的企业往往能够把危转为机，诚然这个过程会损失一部分客户，但留下来的绝对是忠实的客户，甚至是"路转粉"。不过企业必须谨记一点，不要滥用客户对品牌的信任。信任是需要花时间努力经营的，但却很容易被粉碎，而且一旦被破坏是很难再重建的。危机要迎刃而解，就是老子的"祸兮福所倚，福兮祸所伏"。

体验笔记

百度

移动互联网经过几年的洗礼,已经慢慢步入成熟期。各个巨头为了给市场带来另一波惊喜,强化其品牌体验,不停拓展和研发新技术,其中百度介绍了一种全新的3D搜索方式——神灯搜索。顾名思义,用户只需摩擦手机边缘,便会自动唤醒"神灯搜索"功能,再发出语音指令,"百度神灯"便会将搜索结果以全息投影的影像呈现在手机屏幕上方,而用户可以直接与全息影像的搜索结果进行互动,实现动态的多轮对话交互。这个黑科技不管真假,都为百度成功都为吸引了用户眼球,让用户再次期待百度。

作为企业,品牌就是承诺。而这个承诺,不是一时,而是一世,更跨越可见到和见不到的触点。重视承诺的企业,就是要周全地设计好所有触点,确保产生出来的体验符合和兑现了其品牌承诺。只有一致的品牌体验,才能强化用户黏度,给用户不离开的理由,最终成为铁粉。

体验笔记

奈雪の茶

奈雪の茶起源于深圳,所有分店都选址在A级商场,门店面积在100~200平方米,装潢简约明亮。奈雪の茶的核心产品是茶饮+面包,品牌非常注重上游选料,只选用名优茶作为原材料,同时也会根据水果和茶叶的时令对产品进行实时更新。同样,面包的制作主张低糖低盐低油,有很多面包是把新鲜水果打碎揉进面团,使面包口感硬度适中带有嚼劲,麦香味令食用者口颊留香。

那到底奈雪の茶卖的是产品,还是一种体验?如果奈雪の茶卖的是产品,那所有卖饮品的都是竞争对手,但如果奈雪の茶卖的是体验,那就要从体验上与星巴克一较高下。

这些体验,从几方面入手:

1. 重视门店的空间营造和空间感受,也就是用户体验旅程当中的前期触点。
2. 强调好的产品和服务,也就是用户选择品牌的原因之一。
3. 保持持续创新,也就是用户继续选择品牌的核心原因。

体验笔记

手机配件

以前的手机是奢侈品，基本属于生意一族的玩意，摩托罗拉的水壶手机是经典。而现在的手机是每个人的必需品。除了 Vertu 和苹果的限量版，大部分手机没有赋予用户特别的身份象征。用户只知道，手机不随身，活像活死人。

以前的手机不需要手机保护膜，更没听说过手机壳。但苹果手机的出现，改变了用户的思维模式和使用习惯，更造就了几个行业的诞生。

其实，手机膜、手机壳都不是必需品，但每一部手机，似乎都必须配备。这些附属品的价值在于用户对手机的钟爱，希望好好保护手机。这好比养宠物的人，也会为小狗悉心打扮。

体验设计，就是从用户的目的出发。保护心爱的手机，不让其磨损，是一个目的；与众不同突出个性化，又是另一个目的。

体验笔记

耳光馄饨

打耳光，即张开手狠狠地击打面颊，是一种愤怒的表现方式。但在上海一家草根品牌耳光馄饨里，"耳光"二字有另一种解释，意思是好吃到被打耳光都不能放下的意思。就这个店名，已经展示出很强势的品牌体验。其实，馄饨只不过是一种很简单的食品，以面皮包裹着剁碎的馅料，经蒸煮后便能食用。那耳光与众不同之处在哪里？

1997年，耳光馄饨创始人潘国仙成立"耳光"的时候，只是想着最基本的三点，就是食品味道要好、干净和实惠，给客户带来最淳朴最地道的客户体验。虽然当时的店铺只是架在路边的开放式厨房，食客们也只能搬着塑料板凳到路边吃，但这个家里的味道，却一传十、十传百，最后终于走红，连许多明星都亲自到场享用，并为其强力推荐。演员胡歌吃过后发微博称是"上海最好次（吃）的馄饨"。除了好吃以外耳光馄饨还一直坚持平价理念，遵守对客户的品牌承诺，所以就算上海迪士尼度假区的相关人士邀请其到游乐园开店，他们也拒绝了。"品牌一世"，并不只适用于高大上的企业，小企业同样可以做到，因为兑现承诺，就是好体验。

体验笔记

台湾宏碁（ACER）

宏碁集团是台湾的一家自有品牌公司，其旗下的 Acer、Gateway、Founder 在国内国际市场都占有一席之地，公司以探索无限可能为口号，在联想等国际品牌夹缝中，经过多年的探索，完成了多品牌布局。针对不同的消费者需求，宏碁创造了多种品牌，例如，宏碁在中国市场被很多消费者所选择，在同配置和性能的笔记本中，其设计更合理，性价比更高。而 Predator 则针对电竞者们打造了掠夺者系列产品，其设计感和科技感，都让客户感受到不一样的体验。宏碁在创造品牌过程中一直以"打破科技和人的藩篱"为使命，在 PC 等相关产品迅速发展的过程中，宏碁把人作为主体，关注用户的体验，提高操作简便度，采用人性化的设计，提升生活品质。

宏碁将家用和商用笔记本细分，满足了消费者的新需求。售后服务是宏碁公司品牌价值的又一个体现，宏碁有专门的服务团队，通过网站、热线、微信等为客户提供全方位的售后保修服务，除此之外，还在高校提供免费电脑检测服务。这些都是消费者在众多 PC 品牌中选择宏碁的理由。这就是品牌价值，能够让消费者在众多品牌中一眼看到这个品牌，被它吸引，品牌的意义就在于此。

体验笔记

淘宝与沙县小吃

沙县小吃是内地非常有名的全国连锁小吃店,淘宝是众所周知的电商购物平台,这两个看似没有一点关系的事物之间发生了化学反应。淘宝在北上杭三地联合沙县小吃开了三家"萌系治愈所"。淘宝将沙县小吃门店翻新改造,用拍立淘随手扫一扫门店内的萌物商品就可以进入到相关的活动页面买到这些萌系餐具。淘宝利用沙县小吃能够吸引很多人就餐的品牌效应,扩大了自己的客源和知名度,而沙县小吃也在这次的合作中翻新了店面,让店面更容易抓住客户的眼球。而客户则能在这耳目一新的体验中,既满足吃美食的需求,又满足购买的需求,这又何尝不是一种能够在购买前近距离接触到产品的方法。这次跨界品牌的创新,让沙县小吃品牌的价值充分发挥,也让淘宝的购物体验有了新的模式。品牌的联手,只要找到关联,就能发挥1+1>2的作用,给客户带来另类体验。

体验笔记

钉钉

钉钉,阿里巴巴出品,专为企业打造的免费智能移动办公平台,让沟通更高效,让工作更简单,让信息更保密,定位就是"一个工作方式",这也是钉钉设计的品牌体验。

由于钉钉是一个平台,服务的群众就包括了老板和员工,但从来老板的利益与员工的利益是矛盾的,所以钉钉在市场上的体验也没法得到一致的肯定。钉钉是一款为老板服务的软件,协助老板通过平台做好最基本的管理,当然容易获得老板的喜爱。但对员工而言,钉钉就是一个监控工具,遇上一位合理的老板,钉钉就能载舟,否则就会覆舟。

作为一个平台,要在两者之间取得平衡,其实比较困难,特别是劳资双方。可能钉钉本来要实现的确实是一种工作方式,但最后变成了"老板要求员工"的一种工作方式。如果钉钉像阿里另一个产品天猫一样,安排一位小二去盯紧卖家服务评级(detailed seller ratings, DSR),说不定还能通过钉钉做好员工体验。所以,品牌价值不只是一个口号,更关键的是要考虑到在执行中,如何平衡受众的体验。

体验笔记

红旗汽车

红旗是中国第一个国产汽车品牌,从创立以来就一直受到国家领导人的青睐。红旗汽车更换 Logo 让国人耳目一新,从金葵花变成箭翎,寓意着旗开得胜,采用新的设计理念和品牌战略,国人的热情依旧不减。

红旗不断在调整品牌的定位,从国家领导人的专属座驾到百姓喜爱的高性价比汽车,红旗不断在拓展市场,还正式发布了一款豪华双门 Coupe 型跑车,这款车代表了红旗品牌的最新设计语言,设计理念为"尚、致、意(即高尚、极致和意境)",即是演绎"中国式新高尚精致主义"。其中所谓的新高尚,是指在中国传统优秀文化基础上融入中国先进文化内涵的高尚道德情操。

红旗之所以获得国人青睐,正是因为其质量和性能较外国汽车具有较高的性价比,同时也是身份的象征。红旗自从创立以来,作为中国第一个国产汽车品牌就备受关注,而红旗也没有让用户失望,在研发等阶段投入很多资源,使得品牌更加深入人心,实现了品牌的价值。

体验笔记

体验曲线
让企业盈利恒丰的 365 个体验
EXPERIENCE WAVE

知乎

人都有好奇心，而搜索引擎，就是其中一个协助用户完成这个目的的工具。在中国，百度在搜索引擎的市场占有率是最高的，之后就有360、搜狗等。用户在搜索引擎输入关键词，然后就要细读每一页出现的每一个标题，去筛选点击哪一个链接。这个过程，其实挺费时，而知乎的出现，使用户多了一个选择。

知乎是一个网络问答平台，连接各行各业的用户，并通过用户分享彼此的知识、经验和见解，帮助用户"发现更大的世界"。知乎的成功在于其去粗取精，将优质的答案留存化：信息时代大流量的信息并没有将优质、科学、权威的答案冲走，给予大众正确的导向；在流量为王的时代，不随意跟随大众娱乐化、商业化的走向，而是坚持科学严谨的态度，同时又不失风趣。知乎的品牌在几年的时间里，逐渐得到用户认可，在用户的一次次实践中得到验证，最终成为用户认可的品牌，成为用户最信任的平台。品牌，好比罗马，不是一天就能建成的。稳固的品牌，是通过每次正面的触点体验，让用户建立信心，继而成就一个品牌。

体验笔记

第五章 品牌体验

（三）无界互动

线上与线下

线上线下，到底谁更有优势？这个问题本身就是一个问题。现在很多企业盲目追随线上，误以为互联网就是王道，最后多少家企业可以单靠互联网成为真正的王者？而且用户无处不在，哪里方便用户就在哪里。这本身就是营销的根本：Fish where the fish are。意思是，钓鱼当然到有鱼的鱼塘。大概没人会到无鱼的鱼塘去钓鱼！

所以，企业或者品牌方要做的，不是针对某一个渠道，而是要理解现在的市场已经是无缝联系在一起的。虽然在体验旅程中，初始的触点大部分发生在线上，但不管线上多么方便，也不是真实世界（in real life, IRL）。人始终是追求感知的动物，线下所提供的真实感就算AR、VR也没法替代。线上的体验更多是一种方便，这个方便可以理解为降低客户力度。比如，线上搜索方便，就可以让客户通过比较找到更适合自己的体验，当中包括产品和服务。线下的更多是社交和IRL的体验，这个是难忘的。试问，用户会给线上活动拍照？现在九成的照片，大概都是实体实现。而拍照的目的，就是为了分享和留念。明白这个概念后，企业就应该重视体验旅程，而不只是线上体验或者线下体验。

体验笔记

独特体验

兰桂坊（Lan Kwai Fong, LKF），位于香港中环一条呈 L 型的上坡小径，聚集了大小酒吧与餐馆，是美食美酒、时尚生活的代名词。LKF 从一片消遣乐土，到成为一个社区文化，再变成一个世界级品牌，就是通过"无界互动"实现的。1983年，"兰桂坊之父"盛智文在这个无名之地一掷千金，开了"加利福尼亚"（California）餐厅，继而吸引了更多具有创新意念的高级餐饮、活力酒吧等进驻，让这个小巷成为一众人寻欢的落脚点。而潮人圈子的口碑相传，进一步稳固了 LKF 最潮地标的地位。LKF 并没有因此而放慢步伐，除了惯常的"欢乐时光"（Happy hour）和"周末狂热"（Saturday Night Fever），每逢大节日比如万圣节（Halloween）、圣诞节（Christmas）、特别是除夕（New Year's Eve），兰桂坊就会变身成户外派对场地，各种精彩活动让朝圣者玩之不尽。游玩者拍摄的每张照片，不只成为自己的纪念，更成为最好的传播工具。到了移动互联网时代，LKF 就开启了 LKF.tv，通过年轻人的创作力量，制作大量时装、体育、食物及影片等娱乐资讯，更设立了微信公众号，继续跟海内外潮人进行互动，加深客户和品牌的黏度。之后还有一大堆以兰桂坊为题材的电影，以及新建的成都的兰桂坊等，让"兰桂坊"这三个字，继续成为一种无法取代的独特体验。

体验笔记

微信群

几乎每个微信群都会经历这样几个阶段:好奇心促使进群、接踵而至的拉人、迫不及待的自我展示、一见如故的互动、热火朝天的狂欢、莫名其妙的冷场、突如其来的广告、悄无声息的退群。

一个微信群质量的高低,主要看群的活跃度,而一个群的活跃度取决于不断更新的各种话题,有交流互动,大家才会争先恐后地发言。微信群质量高低与群成员人数没有多大关系,重要的是话题带动、引发思考、产生共鸣。

基本上每个微信群里都会有一小部分积极分子,他们乐于助人、乐于发问、乐于学习,剩下的人基本上都是潜水围观或者由于时间关系不在群里。当然,这些积极分子同样也会在其他群里频繁出现。他们是真正的活跃者,是每个微信群都应该争取的骨干,因为这些人的存在,才会让你的群友不孤独。

微信群都是自发组织的,轻易就能达到几百人,而这些人未必都是同行或者志趣相同的人。维持一个微信群长期发展的方法要么是互利互惠共赢,要么作为群主给大家持续提供有价值的干货。

对于个人而言,微信群有以下三大价值:

1. 寻找人脉和猎物,比如上游供应商、中游搭档、下游客户等。
2. 通过价值观输出,建立个人品牌,收获大量粉丝。
3. 通过近距离互动学习,把每个群成员当成老师,获得知识。

体验笔记

关键意见领袖（KOL）

在互联网时代，信息太多，但时间太少。用户为了更快地作出选择，就要想办法。此时，关键意见领袖（Key Opinion Leader, KOL）往往会起到作用。

那什么是关键意见领袖？任何人随便在一个平台就可以发声，不管是信口开河还是无病呻吟，只要引来足够多的粉丝关注，就自然成为关键意见领袖，但这是真的关键意见领袖吗？还是出位行为偶像化？真正的关键意见领袖，之所以能够有意见，不是因为他们胡作非为，而是因为饱读诗书，亦对自己从事的工作领域有深入研究，所以才能提出够底气的意见。以这一标准评价的话，现在真正的关键意见领袖实际少之又少，反而是网络红人，简称网红，却遍地开花。网红，已经被偶像化，带有情感色彩。哪怕头脑空空言谈无趣，只要是他们的手笔，追随者大有人在，网红效益所能带来的是短时间的奇效，在风口停歇之后就会迅速跌落。至于关键意见领袖与网红的区别？关键意见领袖是永恒的，而网红，昙花一现。

体验笔记

数码排毒

在移动互联网时代,信息无处不在,线下的触点已经不少,线上的更是排山倒海。就算一群从小就习惯在数码世界蹓跶的用户,也终会有吃不消的时候。所以,市场上渐渐出现了"数码排毒"这个现象。数码为何是毒?主要是用户患上了错失恐惧症(fear of missing out,FOMO)。每当用户在社交媒体上推送信息,只要得不到回应,就会很失落。原来,对于活在孤独的虚拟世界的用户来说,被认同是非常重要的。万一这个认同感消失,用户就害怕了。不过美国总统罗斯福讲过一句话:"我们最需要恐惧的,便是恐惧本身。"所以,社会上一些用户开始排毒,渐渐远离五光十色的网络花花世界,奔向有感官的人性社会,寻找那种实在的体验。企业应该从客户角度设计和呈现品牌,更好地与受众互动。

体验笔记

全球民宿预订平台爱彼迎（AIRBNB）

爱彼迎是一家服务于全球的民宿预订服务平台，覆盖全球近200个国家、六万多座城市。爱彼迎在"Belong Anywhere"的品牌理念下，致力于成为任何人的家，而不仅仅是满足旅游需求，所以爱彼迎时刻为客户提供无界互动的机会。爱彼迎开发出 Create Airbnb 设计平台，让客户可以根据自己的故事设计出个性化的爱彼迎 Logo，并将其贴于自己的房子上，表明自己是这个社区的一员，让房主和旅行者形成归属感，看到这个符号就能产生情感上的共鸣与互动。

旅游本是线下的体验，民宿预订是线上的事情，而爱彼迎作为一个社区，一个纽带，使线上线下有了一个联结和互动。打开爱彼迎，你会发现它根本不是一个简单的预订房间的 App，即使没有租房的需求，任意浏览也会是一种享受。因为除了核心的查询功能之外，爱彼迎团队还做了不同的城市系列推介，配上带有每个城市特点的图片和文字，给人一种立马就想收拾行囊，开始旅行的冲动。而且爱彼迎的在线点评和交流平台实现了屋主与租客的互动，创造了联系与信任。爱彼迎真正做到了互动的无界，在城市间传递家的温暖。

体验笔记

亚马逊（AMAZON）

打垮实体书店的亚马逊（美国最大的电商公司，全球第二大互联网企业），在近年来开了多家实体书店。很多人以为这只是噱头与宣传，但进去过的人会发现，它们是真正的书店，但绝不是传统类型的书店，它更像是亚马逊线上线下无界互动的平台与媒介。书店模仿读者在网上买书的体验，每本书的下方有黑色卡片，摘录着亚马逊网站购书者的评价、总评分、某日期前得到的评价次数以及条形码。我们在书架上可以看到推荐相似书目的箭头指示牌，与网购的推荐功能类似，让客户产生一种如同在亚马逊网站买书的感觉。

《商业设计周刊》评论说，亚马逊实体书店的设计解决了网上购物平台的最大问题——可发现性，即如何发现及选择商品。这些已开或未开的书店是亚马逊网站的延伸，与网上购物平台共同构成亚马逊生态系统的一部分。的确如此，亚马逊提供的数据是亚马逊实体书店的基础，实体书店又沟通和延伸了网购的体验，两者是线上线下的相互强化、无界互动。

体验笔记

三星（SAMSUNG）

如何增加和客户之间的互动，是很多企业苦恼的问题，而游戏化（Gamification）给了企业一个方向。所谓游戏化，就是利用游戏设计的方法来促进客户与品牌的互动、对话和维系忠诚度。三星（韩国最大的跨国企业集团）推出的三星国度（Samsung Nation），就是经典案例之一。

三星国度是整合在 samsung.com 网站中的附加层插件，根据三星国度设计的规则，用户访问网站、分享内容、评价产品、查看视频、参与调查问答等都可赢取一定积分，获得对应的勋章，升级用户等级。三星设计了五花八门的成就让用户去解锁，整个国度中其他用户都在干些什么会在右边的行为框中实时滚动，有实时更新的每日、每周积分排行榜。虽然积分、勋章、级别本身并不能直接兑换成真实的物质奖励，但每个月三星会挑选旗下产品，如手机、平板作为实物奖励。在线社交游戏的形式给企业提供了与客户互动的载体，在游戏中三星会引导客户对产品进行评分与建议，这提高了客户的活跃度与忠诚度；而且互动的数据与客户访问轨迹可为企业提供数据分析的资料，真是一举多得。

体验笔记

快闪店

快闪店，俗称品牌游击店，是一种在商业发达地区设置的临时性店铺，它以直达目标客户为主要目标，制造热点话题，通过社交媒体推广和客户互动体验，接近并打动客户。

乐斯菲斯曾在韩国做了一次有趣而成功的快闪店活动。在店内，客户在挑选衣服时，店员突然撤离并触动机关把客户所站立的地板缓缓撤走。客户只能趴到墙上预先设置好的攀岩小石头上，接着头顶缓缓落下一件该品牌的服装，客户必须在30秒内通过跳跃抓取衣服之后落入有气垫缓冲的地面。

在这个过程中，客户的紧张和害怕一览无遗地表现出来，游戏的每一步都让他们既兴奋又好奇，正符合了这个品牌的冒险精神。这种互动式的场景参与，不仅协同了品牌的战略让客户记忆深刻，还让他们不断地向亲朋好友分享他们感受的乐趣，在互动的同时传达了品牌体验。

体验笔记

潘婷（PANTENE）

随着互联网的迅猛发展，网络平台的传播价值不断放大，互联网成了企业展现品牌、与客户互动的良好载体，而视频广告无疑是线上互动传播效果最好的方式之一。一个走心且有创意的视频广告可以通过故事去传递品牌价值，通过各类互动、推荐、评论和转发，增强客户的信任度和忠诚度，潘婷（宝洁旗下的修护损伤洗发水品牌）发行的广告片（"You Can Shine"）就是很好的例子。

视频主要讲述一个聋哑女孩勇敢追逐音乐梦想，破茧成蝶的励志故事，主题积极向上、情节扣人心弦，播出后在网上流传甚广，成为人们百看不厌的一则经典广告。该视频不仅给观众视觉体验，还与客户有一种情感上的互动和共鸣，完美诠释了潘婷"每一个你都是最独特的自己，拥有无限的美丽潜能"这一品牌主张。潘婷通过图像的方式将品牌的内涵与价值娓娓道来，更让客户把追求美丽的渴望与体验与潘婷联系起来，建立了牢固的品牌形象。所以，无界互动，不只是线上线下的打通，也可以是通过有效的内容营销，贯穿用户的情感与逻辑。

体验笔记

美国除草剂品牌 SCOTTS

移动互联网的出现,改变了客户与品牌之间的关联方式和渠道。其中的一个改变,就是体验旅程从单一的直线变成了多变的曲线。这个改变让很多传统媒体变得毫无价值,导致没完没了的倒闭潮。但其中的一个传统媒体——电视,始终是一种常见形式。虽然是传统媒体,只要创意出众,也能赢得用户的关注。

Scotts,美国除草剂品牌,投放了如"杂草"般迅速蔓延的强效广告。在该广告中,品牌卡通代言人 Pricky 是一种多刺杂草,它的蔓延速度非常快,成倍增长,直到草坪上到处都有它的身影。Pricky 告诉观众,它甚至可以从一个频道蔓延到其他频道,不相信的观众可以去看看。于是,当观众调到另外频道时,会惊奇地发现 Pricky 出现并咬住了主人的腿,对着主人大喊大叫,并迅速在主人的草坪上蔓延。直到被喷洒了除草剂之后,嚣张的 Pricky 竟然枯萎了。

广告借此表明:"杂草蔓延多快多猛都不怕,只要有 Scotts。"Scotts 通过巧妙设计投放的电视台和时间,使得"杂草"从一个频道蔓延到另一个频道,给观众全新独特的体验,从而对 Scotts 形成深刻印象,以这种有趣新奇的方式达到无界互动的效果。

✒ 体验笔记

第五章
品牌体验（三）无界互动

拜尔斯道夫

无界互动，就是无处不在地与用户联系着，走进客户的心，从心底打动客户。

拜尔斯道夫，德国的医疗及化妆品品牌，就推出了一款从心底打动客户的特殊创可贴。每个家长都知道怎样治愈孩子的生理伤口，但其实，孩子绝大多数的眼泪来自于情感的痛苦，而这种伤痛也最让家长无力和痛心。因此，BDF 为那些承受情感伤痛的小孩设计了系列绷带，包括失去、成长、争吵、恐惧和错误五种类型。在其宣传视频中，哭闹、惊慌的小孩在看到造型可爱、温暖的心形创可贴被爸爸妈妈亲手贴在身上时，仿佛伤痛都被治愈了，还感到安全和有趣，就停止了哭闹。而这种创可贴使用的是新型胶粘剂，不含药物成分，可以无痛剥离。

这款创可贴帮助父母治愈孩子的小心痛，也治愈了父母看到孩子哭闹不安时的痛心，通过小小的暖心设计，建立起了与家长客户之间的情感桥梁，使客户感受到设计背后的温度与关怀。体验设计，从小处着眼，也能在心灵层面与用户互动。

体验笔记

体验曲线
让企业盈利恒丰的 365 个体验
EXPERIENCE WAVE

153

微软（MICROSOFT）

企业推出新产品时，需要做的一件事是与客户的无界互动，让客户尽快认同并接受新的产品。微软，全球最大电脑软件提供商，在第一次推出 Windows 系统后，习惯了原先 DOS 系统"命令行"操作的用户对 Windows 系统的图形界面很不适应，尤其是对鼠标这个新设备不习惯。如何才能让客户尽快习惯新系统的操作？难道非要像电脑培训那样手把手教学？所以，一个天才的想法诞生了，微软选择用游戏作为与客户互动的媒介，推出了两款经典游戏——扫雷和蜘蛛纸牌。

这两款游戏简单易上手，却需要大量地使用"移动、左击、右击、双击、拖曳"这五个基本鼠标动作，让用户不知不觉地在游戏中慢慢熟悉了 Windows 系统和鼠标操作。而且游戏是按难度等级逐步升级的，通过得分和难度等级的上升，用户得到激励和反馈，对鼠标的便利性越来越有体会，对使用 Windows 系统越来越有信心。Windows 系统在前期通过游戏化一步一步地与新用户建立互动，逐步走近了用户并慢慢被接受和认可。原来，游戏只要设计到位，也能应用到商业上。也因为游戏本身就带有病毒元素，对无界互动产生了正面效应。

✎ 体验笔记

达美航空（DELTA AIR LINES）

针对那些因时间、金钱条件不允许或者没人陪同而无法飞往各地旅行的人，达美航空公司（美国第三大航空公司）做了一场非常酷的营销活动，吸引了众多参与者。这次活动主要以单身人士为主，这群青年渴望周游各国体验世界，有旺盛的旅游需求，只是没有伴侣陪同或者暂时在时间、金钱上条件不允许，所以是航空公司的重要潜在客户。达美航空将来自不同国家的目的地场景画在了纽约布鲁克林威斯堡的一堵墙上。参与者在逼真的壁画前摆好姿势，表情投入，由专业摄影师为其拍照留念，仿佛是实地游览了一般。而且参与的年轻人热衷于在社交网络上上传这些照片，很快，这次活动出现在很多人的社交媒体中，并引来关注和转发。这就是无界互动的魅力所在，不仅给参与者线下的体验，还能带来线上的传播效果，建立品牌与客户的联系。达美航空的体验设计是针对一群用户的痛点，虽然没实际解决用户的痛点，但通过虚拟甚至幻想的方式，让客户霎时满足了。这种喜悦，岂能独乐乐？无界互动，就这样实现了。

体验笔记

麦当劳（McDonald's）

麦当劳（全球大型跨国连锁餐厅）的汽车餐厅估计很多人都知道，就是客户不需要下车，可以在车上从麦当劳餐厅点餐和取走食物。这项服务确实方便，但客户还得开车去麦当劳，有没有比这更便利的服务？巴西麦当劳还真推出了"主动找客户"的服务——通过麦当劳卡车来加强品牌和客户的交流。

麦当劳卡车就是一间装在卡车上的流动餐厅，游走在城镇的各街道中，让行人感到惊喜和有趣。这种吸睛的方式有利于社交媒体的传播，路上很多行人都不自觉地掏出手机拍照并上传到网络，一下子提高了麦当劳在当地的热度。活动的执行创意总监 Sergio Mugnaini 表示："麦当劳以这种不寻常的方式提醒每个人，在他们的道路上，总是会有这样（便利）的事情，而且是在巴西的任何地方。"的确，这类营销凸显了汽车餐厅、快餐文化和汽车的多元契合，提升了麦当劳的营销热度，密切了品牌与客户间的互动。

体验笔记

社交软件

在中国，QQ 和微信成为人们必备的社交软件。从几岁大的小孩，到年过古稀的老人，都会用 QQ 或微信与家人聊天或视频、与同学相互学习、与同事沟通工作、与朋友社会交际等。可见，"品牌一世"的企业都会根据用户的工作目的来设计其品牌定位。客户需要什么，品牌就努力去满足。腾讯创始人马化腾在香港大学举办的"追梦者"活动中，被问到美国竞争对手对中国公司的评价是"在 copy 上很有创意"的时候，便回应道："新的东西，在中国等亚洲国家移动化更快，比如说微信的公众账号，我们看到 Facebook 这几个月也在做，对我们来说没有谁抄谁，看谁能满足需求。"其实，这是一个"抄，超，钞"的过程。品牌在开始的阶段，可能需要模仿，通过"抄"来走出第一步。但关键的是，品牌接下来如何能够以独特的体验，超越竞争对手，让用户依赖。在这一点上，微信就做到了。本来一个简单的一对一沟通工具，通过微信群实现了多对多的互动交流，而抢红包和微课更让移动社群火起来，后来的公众号更创造了移动互联网的 B2C 模式。这一连串的体验创新，让腾讯市值攀升，完成最后一步的"钞"。品牌体验是企业给客户的一个承诺，这个承诺则体现在客户体验上，客户体验的好坏，意味着承诺是否能够兑现。

体验笔记

微信群

微信是腾讯于2011年推出的产品，初时只是一个简单的即时通讯软件，后来演变成一个方便用户生活的生态圈，不断创造价值。当中的群聊功能，方便了人与人之间的交流，也衍生了很多不同的玩法，比如微课。一个群是由群主、群友、助理等这些角色构成，各自都有责任去建造一个良好的平台，为群里的每一个人带来价值。群主的责任是给群一个清晰的定位，邀请群友进群前先确定意愿才拉人进群，这是对群友最基本的尊重。虽然群主是建立群的发起人，但并不代表群主就是领袖，所以不要问群友能给群带来什么，而应该问群主能给群友带来什么。而群友的责任，就应该尊重群的定位，参与的是红包群就多发红包、聊天群的就多聊天、学习群的多交流分享，别乱加其他群友为己用，别乱发广告，更别以为发广告后补个红包就理所当然。这其实是明知故犯，侮辱了红包本身的意义，更侮辱了群主和其他群友。微信群其实就是一个最多500人的小社群。而社群的价值，由每一个群友合力打造。交流最美，并没对错。线上世界内容无限但人性有限，有时线上的交流难比线下的互动精妙。若条件允许，微信不如见面。毕竟，在互联网时代，相聚一刻值千金。

体验笔记

惜食堂（FOOD ANGEL）

惜食堂是一个于2011年在香港开展的食物回收及援助计划，宗旨为停止浪费、解决饥饿、以爱相连。惜食堂团队会从饮食界回收仍可安全食用的剩余食物，通过严格的食物安检程序，再经中央厨房烹煮成营养均衡的热饭餐，最后由物流团队免费派发给社会上需要食物援助的人士。为了把信息更有效地传达出去，得到更多人的支持，惜食堂在保诚保险（Prudential）的全力支持下，举办了"全诚罐膳心"（Canstruction）的活动。仅活动名的设计已经非常有心思。中文版玩的都是同音异字，但能清晰地带出活动信息——全城灌善心。而英文版，也是从construction（建筑）演变出来，把第一个"o"改成"a"，变成can（罐头），解释了活动玩法，就是各参与者通过艺术创作利用罐头设计大型艺术品，为弱势社群筹募罐头食物，同时也提高社会对饥饿问题的认识。要做到好的品牌互动，最基本的是要有一个有效的名称。全诚罐膳心（Canstruction），就是一个好案例。

体验笔记

百威英博（ABInbev）

啤酒，无论是在家庆祝还是在外聚会，已经成为人与人之间互动的一种助兴工具。在移动社交中，啤酒如何实现与客户的互动？百威英博，全球领先的酿酒制造商，在用户享用啤酒的体验旅程中，设计了数码触点，一方面实现了线下线上的联动，另一方面也引起了病毒传播。

百威英博旗下品牌哈尔滨啤酒（简称哈啤），采用了一瓶一码的手段，将二维码印制在瓶盖内，当用户打开啤酒时，只要简单扫一下，就能展开一次丰富的用户体验旅程。比如二维码的玩法是摇一摇，用户怀着希望的心情摇动手机，一看获得1.88元的微信红包，还提示该码还有三次机会，让小伙伴一起扫码碰碰运气。此刻，已获奖的用户便会立即分享出去，让酒友也来参与抽奖活动。

一个简单的数码触点，便让客户从独乐乐走到众乐乐，金额多少根本不是关键，关键是那份皆大欢喜的喜悦。无界互动，不只是从线下到线上，也可以做到病毒传播，以点带面，让品牌体验渗透到更广阔的层次，达到一石激起千层浪的效果。

体验笔记

乐来

乐来,是2014年的产物,定位于生活服务领域,是移动电子商务和1小时极速物流配送平台,致力于为客户带来更快乐的生活。大概乐来创办的时候正在移动互联网的风口下,当几年后风口转移,乐来也从B2C平台转变成为中小零售商提供一站式B2B+O2O电子商务的平台。尽管如此,乐来刚抢占市场的时候,仍带来了颠覆式的营销手法。

在深圳的商业办公楼区域,乐来利用健康早餐车给上班一族发免费早餐,然后给用户一张印有二维码的传单,扫描一下便可以关注公众号,协助用户更容易获得品牌之后的信息。这种手法算是freemium,指的是用免费服务吸引用户,然后通过增值服务,将部分免费用户转化为收费用户,实现变现。Freemium一词是由先free(免费)后premium(收费)组合而来。乐来算是freemium的先驱。这次免费早餐活动除了赢得不少新客户外,也成为一次成功的病毒营销。无界互动,要先了解用户的体验旅程,然后设计内容,并让信息得以转发,覆盖更多的用户。

体验笔记

宝洁（PROCTER & GAMBLE）

宝洁是全球最大的日用消费品公司之一，在中国也广为人知。所以，只要产品标签上有"宝洁"二字，用户就觉得有保证。但宝洁为了强化其品牌体验，针对不同的客户采用了不同的营销方式。比如在城市的营销方式是主流的线上推广，因为一、二线的客户基本生活在线上。

线上的互动，更符合用户的活动节奏。对于农村市场，由于农村居民的习惯就是要"眼见为实"，所以宝洁便实施了"路演战略"，以更好地与潜在客户进行面对面的互动，让客户体验产品。在2018年，宝洁亚太区总裁兼首席营销官Sujay Wasan认为，下一个重大的品牌建设转型，将会是一对一的大众营销。所以，企业在设计品牌体验的时候，需要考虑到在哪一个渠道可以更好地把相关信息传递给哪一类用户。核心品牌承诺是不变的，变的只是哪一个渠道对应哪一类用户。事实上，对于城市的客户，也不能只局限于线上活动。企业要想加深用户对品牌的体验，便需要从用户角度，理解其体验旅程，在合适的触点捕捉用户，实现线上线下全渠道的品牌与客户之间的无界互动。

体验笔记

第五章
品牌体验（三）无界互动

楼上

楼上于1998年在香港成立，最初以售卖燕窝为主，后来增加了各款海味。楼上的品牌承诺是"以客为本，以质为先"，一直以来与客户的互动主要是通过纸媒。

这个宣传渠道的选择跟购买海味的受众有一定关系，因为客户一般都是中年人士，而他们获取信息的习惯来源就是报纸。但在2017年，楼上做了一个比较另类的突破，就是利用纸媒告诉用户，纸媒不再是获取楼上信息的渠道！如果用户想继续获得最新的品牌消息，便要关注其网站或者社交媒体如Facebook。在移动互联网时代，纸媒的价值远不及新媒体，因为用户追求的就是无时无刻的信息。从纸媒转移到线上，一方面配合了用户习惯，同时也开拓了新的年轻市场，更重要的是楼上可以更好地投放资源，让效益最大化。无界互动的关键，不只是无界，而且要找到最合适的渠道，与用户互动。而且，内容也不再是简单的图文，因为在新媒体上，内容都是多元化的，更可以吸引眼球和关注，强化品牌体验。

体验笔记

163

网易云音乐

音乐是无界限的,哪怕语言不通,只要有动听的旋律,就能打动用户。网易云音乐突破了听的传统,在2017年3月和杭港地铁合作发起了一个快闪营销"看见音乐的力量",通过看得见的音乐,与用户加强互动。方法是把来自网易云音乐点赞数最高的5000条优质评论通过人工筛选,选取85条最能打动人的乐评,印在杭州地铁一号线和整个江陵路地铁站。一夜之间,乐评红白相间的画面就印入了客户的脑海里,从专业音乐制作人到路人甲,都深深地被这样的情怀打动。

比起其他的音乐软件,网易云音乐能够占据一定的市场份额,就在于它创造了这样一个互动的平台,让音乐人、作品、听到歌的人之间产生了互动,分享着自己的故事,也听着彼此的故事,形成一种无界的情感传递。这种互动营销实现了破圈层的传播效应,也让网易云音乐这个品牌在各种音乐软件品牌中异军突起。品牌体验里的无界互动,不只是线上线下的整合,也可以从体验设计上打破旧有的营销模式,根据产品的特点,开发更多的可能性。网易把固有的看不见变成另类的看得见,就是一个突破。

体验笔记

黄太吉

黄太吉,创立于2012年的主打煎饼果子的小吃餐饮品牌,在创立之初,凭借其强大的多渠道营销能力,一度被认为是中国新兴的互联网餐饮代表品牌。而那时的黄太吉之所以成为典范,是因为其无界互动的策略。

开始时,黄太吉是一家坐落在北京CBD、面积仅十来平方米的煎饼铺,很难想象在一家只有13个座位的小铺里还提供无线上网服务,之所以这么做,是因为创始人赫畅希望能为顾客建立一个"分享"的环境和氛围,让大家快速把自己的"用餐体验"传递给自己的朋友。除了线下提供互动分享的环境,黄太吉更为出色的是互联网营销。黄太吉的企业微博时不时抛出诸如煎饼店开进CBD、老板开奔驰送煎饼、美女老板娘送餐等带有附着力的话题吸引大家围观讨论,而老板赫畅对每一条微博评论都会在第一时间回复。他认为这么做不仅仅是互动,更重要的是用心和客户沟通,及时回复更是诚意的一种体现。

黄太吉有趣的话题营销、及时的互动交流,不断吸引着客户去体验、去分享,从而在线上线下传播其品牌价值。值得一提的是,黄太吉当初成功在互动与营销,近年来却逐步走下神坛陷入低谷,是非难以评说,但有一点不可否认,黄太吉的几度转型失败暴露了企业战略与品牌定位的问题。营销再强也得依托于优质的产品与合适的业务模式,而黄太吉营销到位,但在产品与业务模式上却没有做到位。

 体验笔记

165

京东

"6.18"是京东这个中国综合电商品牌的店庆日,每年5月中旬,京东都会借机推出一系列大型促销活动。2014年,京东在北上广等一线城市的核心商务区安放带有京东 Logo 的红色 ATM 机:火辣辣的红色、十分醒目的京东 Logo,这些简单但不同寻常的元素混搭在 ATM 机上,瞬间吸引了以都市白领为核心的人群的广泛关注。京东 ATM 机虽然不能吞吐货币,但却是一台很好玩又能获得实际利益的互动游戏机,玩家触摸屏幕将商品加入购物车,60秒内所选商品售价若凑够618元便可拿到最高价值618元的京东购物卡。这种新奇有趣又有钱赚的线下活动,以较小的投入,快速引发消费者的互动体验和二次分享,短短两天时间,就吸引了上万人的关注,微博话题讨论有四百万,成为线上线下的互动体验。无界互动,联动其实是结果、是目的,要达到这个目,关键是找到创意、噱头和亮点。京东这次的"6.18"活动,应了那句老话:"施比受,更有福。"通过这种新奇的购物卡赠送方法,收获了线上线下全民互动的良好效果。

体验笔记

第六章 客户体验

入 门

大数据

大数据，是近几年的一个热门词语。但其实，大数据并不是什么新鲜事物。早在1982年，哈蓝·克利夫兰便提出了DIKW体系。而DIKW这四个英文字母，分别代表了数据（Data）、信息（Information）、知识（Knowledge）和智慧（Wisdom）。虽然这个模型好像简化了大数据，但数据本来就不需要太复杂。不管是大数据还是小数据，只要是数据，就可以完善体验。

《易经》有云：道生一，一生二，二生三，三生万物。家里是三个人，就是一个数据。一个城区有50户，30户是三个人，20户是两个人，又是另一堆数据。但数据，就只是数据，本身并没有多大意义。所以，需要分析数据，得出需要的、有用的信息。上面户口的数据，通过分析便知道整个城区有130人，而大部分家庭都是两个年轻人带一个小孩。但这又代表什么？又需要对已有的数据进行深入挖掘。对于企业来说，就更需要收集用户的各种数据，并且深入地分析挖掘，从中找到客户的真正需求，这样才能更好地设计客户体验旅程。

体验笔记

性价比

性价比，强调的是产品的性能与价格之间的比例关系，具体公式即：性价比＝性能/价格。以前客户消费的时候比较在意性价比，比较客观实际，但是现在客户在进行产品或服务的消费时，比如旅游，就尤其强调"体验"，比较主观地偏向于消费产品带来的感受。

创意不够的企业只能在价格上竞争，价格是他们发挥创意的舒适地带。而体验，需要的是换位思考。关键不是企业可以做什么和能做什么，而是做出来的能给用户解决什么痛点或带来什么乐点。一般企业都是利润导向，只综合收入和成本两方面，忽略了用户。在这样的前提下，用户可以选择和关注的就只有价格。但是那些会换位思考、关注客户体验、做好"客户一位"的企业，才能够真正赢得稳定持久的忠实客户。这便是企业思维和体验思维的一个区别之处。

体验笔记

客户一位

好的客户体验,就是把客户放在第一位。但这个第一位,并不代表企业要牺牲利润,无条件地去满足客户。《哈佛商业评论》*Harvard Business Review*2011年曾发表了一篇文章,建议企业"辞退"对企业没长远价值的客户,特别是那些不仅对盈利没贡献还要损害企业长远发展的客户,就更无需手下留情。所以,"客户一位"的大前提是客户愿意与企业共赢,并且客户终身价值(Customer Lifetime Value, CLV)为正。客户终身价值的简单计算方式是客户的历史价值、当前价值和潜在价值,折现值的总和。至于如何推算客户的未来购买金额,可以参考历史数据,比如客户的复购率(Repeat purchase)和平均订单金额(Average Order Value, AOV)。好的客户体验不一定能让同一个客户在短时间内复购,因为客户也需要时间去消化产品,但好的客户体验会鼓励现有客户为企业做口碑营销,引来新客户,开拓新的市场份额。虽然好体验不一定会缩短现有客户的购买频率,但有机会让现有客户接受向上销售(up-selling)和交叉销售(cross-selling)。这些都是基本的客户关系管理(Customer Relationship Management, CRM)概念。而客户关系管理与客户体验管理(Customer Experience Management, CEM)的关系是相生,好体验强化关系,好关系促进体验。

体验笔记

客户一位指标

"客户一位"如此重要,那到底怎样才算实现了"客户一位"?对此,企业可以考虑以下问题:

1. 用户的需求是什么?
2. 用户目前的痛点是什么?
3. 用户还有其他哪些选择来满足需求?(用户会如何选择来满足需求?)
4. 用户的体验旅程由多少触点组成?
5. 用户如何评价每一个触点的体验?(用户评价每个单一触点体验的指标有哪些?)
6. 如何优化体验旅程?
7. 如何创新触点体验和旅程体验?

体验笔记

峰值体验

做体验是有成本的，而"峰值体验"是体验中最为关键的部分，故而概率最大的体验峰值点是企业最值得投入的。比如去旅游，客户并不是每个景点都能体验到，而知名度高的景点客户到达的概率就高。企业在没有精力或能力做好全面体验的时候，就要有所取舍。在考虑客户承受能力的情况下，从概率高的切入点入手能用较低的成本来改善客户体验。

什么叫切入点？就是面对一件事的时候，应该最先着手的地方。对于社群营销来说，一个好的切入点，往往能起到四两拨千斤，事半功倍的效果。如果切入点不对，则可能直接导致失败。这就好比一场舞台剧，什么角色什么时候上场，那都是有讲究的，必须踩准了那个点，否则就会成为一场闹剧，会非常尴尬。然而，既然是概率，改善的就是局部体验，理论上讲，局部体验是无法保证全面体验感知的。正如实际过程中，很多企业都只对售前体验做了改善，却忽略了售后的客户体验，在阶段性成功后就会忘记初衷，或满足于现状，或不愿意加大投入，没有最终完善全流程体验。这也是企业做不好客户体验的一大原因！

体验笔记

三井住友银行

对于一家企业来说，拥有稳定忠实的客户基础十分重要。持续客户体验创新是一家企业实现"客户一位"要重点考虑的问题。

三井住友银行（Sumitomo Mitsui Banking Corporation, SMBC）以"日本网络银行"的形式成立了网络银行部门。该部门的系统可以复制来自卖方（保险、证券和基金等金融产品）的交易数据和客户对市场活动的反应，并运用推送技术自动收集信息，从而尽可能快地预测市场趋势。通过这个"网络"系统（银行利用互联网技术，通过互联网向客户提供开户、查询、对账、行内转账、跨行转账、信贷、网上证券、投资理财等传统服务项目），三井住友银行的营销人员便可以直接与客户建立一对一的关系，配合数据库营销，可以更好地了解客户需求，并按照其口味来定制产品的服务，协助客户选择最适合自己的体验。反过来，客户可以通过系统提出问题，自愿进行反馈。用户如何评价每一个触点的体验很重要，这是实现客户体验的关键指标之一。这种与客户进行有效沟通，进而不断创新触点体验和优化客户体验，是实现"客户一位"的基础。

体验笔记

哈根达斯（Häagen-Dazs）

哈根达斯举办免费雪糕体验活动时，平时一个单球需要50元，现在免费，而且客户可以用特定颜色的物件去换取雪糕。也有很多企业会采用这种方式吸引客户，如某些商场提供免费泊车，而取代传统的在商场内购物满指定金额才可免费泊车。提供免费体验之外，亦跟客户有互动，会令人印象深刻。

凡是这类免费体验，一定会吸引超多的人去排队等候，有些人甚至会通宵排队。

体验笔记

第六章 客户体验 入门

贝恩咨询（BAIN & COMPANY）

传统营销一般会以数据营销的 RFM（分别是购买近度 Recency、购买频率 Frequency、购买金额 Monetary）或者用户特征 AIO（活动 Activities、兴趣 Interests、评价 Opinions）来给客户进行分类，也有用客户画像（persona）来细分客户的。既然已经是客户体验时代，企业是否能以"客户体验"来区分客户？比如，第一次使用产品的用户属于零体验用户，而老用户就是有体验正负值的用户。其实，把客户分类的目的就是为了更好地为特定受众设计合适的体验，因为不同客户会有不同期望，继而会有不同的体验。

贝恩咨询客户忠诚度业务的创始人佛瑞德·赖克霍德（Fred Reichheld）在2003年《哈佛商业评论》提出了"净推荐值"（Net Promoter Score，NPS）的概念。根据 NPS 计算，可以将客户细分为好中差三个层次。对好体验客户，企业要做的是维持体验层次，确保客户的忠诚度和传播正面口碑期望，引来更多潜在客户。对中体验客户，企业要找出需要优化改善的触点让中体验客户变成好体验客户。而对差体验客户，企业要做的是修复所有差体验的触点。简单来说，企业要明白各花入各眼，针对不同客户解决痛点、创新乐点，给客户非同凡"想"（think different）的体验。

体验笔记

体验曲线
让企业盈利恒丰的 365 个体验
EXPERIENCE WAVE

旅行青蛙

用户都喜欢玩游戏，因为游戏通常都能带来快乐，而用户追求的，就是快乐。所以在体验设计里，游戏元素是不可或缺的。游戏设计一般以 GAME 四个英文字母为核心，分别是目的（Goal）、规则（Acts）、动力（Motivation）和传播（Evangelism），其中动力是关键。

"旅行青蛙"是一款放置类型手游，让玩家通过与小青蛙的互动获取乐趣。这个游戏迅速火起来的原因按 GAME 框架就是：创造体验、简易玩法、随机期盼、社交分享。一般游戏的目的是玩家的短暂输赢，但旅行青蛙却没有胜负，更多的是玩家去感受青蛙的旅行体验。这个体验共创，颠覆了传统的游戏目的，让玩家耳目一新。

基于这个另类目的，旅行青蛙的操作相对简单，基本没门槛，对比大部分游戏的复杂设计，更容易让玩家上瘾。由于是体验共创，故事情节的发生并非在预料之内，让玩家捉不住摸不透，更能引人入胜。也因为这个随机，对青蛙突如其来的互动，玩家有种说不出的兴奋，于是便在社交媒体上跟好友分享，助力传播。

体验设计，不一定要开天辟地，有时候返璞归真也能给用户带来价值。体验，不应从企业出发，而是要客户导向，是逆向思维。

体验笔记

自定价套餐

这个世界没有免费午餐，价格一般都事先由餐馆定好。客户只需要在餐馆根据价格选择喜欢的菜品，就可以享受美食。不过，法国东南部城市里昂的一家餐馆，在每天中午和晚上推出了一款"自定价套餐"，包括一份头盘、一份当日主菜和一份餐后甜点，颠覆了传统的市场定价规律。客户可以在用餐后根据用餐体验来支付自认为"最合理"的价格。简单来说，用餐价格是基于用户的体验决定的，饭菜何价，就由用户说了算。出乎意料的是，根据法国媒体的报道，这个用户主导的模式，客户对于自定价套餐的平均出价竟高于餐馆原来午间套餐和晚间套餐的定价。而且自定价套餐推出后，餐馆的客户数量也大增！原来，客户并不是都爱便宜货，只要体验到位，客户就会给企业公平合理的回报。这，也就是体验设计的目的。

体验笔记

DIY

DIY，即"Do It Yourself"的英文缩写，由英国的工匠贝利·巴克尼尔（Barry Bucknell）提出。当客户看腻了市场上工业产品的千篇一律，无法满足自己的特殊需要时，"Do it yourself"的念头就会油然而生。实际上，企业也能从DIY中制造客户的独特体验。

Cake100温情蛋糕学堂就是一家DIY理念的蛋糕作坊，其蛋糕样式并不出奇，都是市面上普通的蛋糕款式，但这里的蛋糕师是客户自己，一家大小、情侣、学生群、朋友帮来到这里DIY，店里的专业蛋糕师傅则负责提供各种相关知识的介绍和必要的协作。除了DIY蛋糕店外，市场上还有很多不同的DIY选择，比如利用热烫设备的"DIY"T恤店，"DIY"项链、耳环、各色挂包及手机链等的饰品店，"DIY"陶吧等。

DIY提供给客户的不只是成品商品，还包括蕴涵在制造过程中的那一份独特体验以及最终生成的独一无二的独特产品。在供过于求的互联网时代，客户更追求与众不同，突出自我个性，DIY，就是让用户通过享受体验过程来制造独特体验。

体验笔记

横向排队

体验旅程设计的好坏极大地影响着客户体验，以实体购物为例，排队等候是难以避免的一个环节，也是客户购物旅程里的重要触点。从客户体验的角度考虑，排队时间越短越好，但当排队在所难免时，又如何在这过程中优化购物体验？

除了国内海底捞著名的将排队痛点变成娱乐热点之外，国外的星巴克——全球最大的连锁咖啡店，采用了横向排队的办法，化等待的痛点为体验的乐点。客户横着排队，一来可以让出空间，避免走道拥堵；二来便于客户之间产生更多交流和互动，加入更多社交元素，缓解排队等待的烦躁。而且，横着排队让客户能够在柜台前看到咖啡师制作咖啡的完整流程，让客户感受到每一道工序的认真与讲究，从而在心里提升产品的价值。

换个角度想，光顾星巴克的客户追求的不只是产品本身，还有星巴克的格调与文化，倘若星巴克像快餐店那样排起了长长的纵队，焦虑紧张的快节奏氛围只会损害客户的体验。而横向排队的设计，就是从细节出发，优化了体验旅程，从而提升了客户体验。

体验笔记

个性化满足

在体验经济时代，要让客户忠诚于自己的产品，就必定要给客户留下独特难忘的客户体验。怎样的体验才能让客户难忘呢？一个词：个性化。个性化的体验，能让客户产生独一无二的体验感，这才能抓住客户的心。

美国最大的汽车租赁公司 Zipcar 就非常注重满足用户的个性化需求。比如，有的人不喜欢开着带有租车标志的汽车去见朋友和客户，于是，Zipcar 专门提供了不带公司标志的汽车，供这部分客户群体使用。同时，他们没有在高端车上喷 Logo，就是不想破坏客户对于尊贵的体验。另外，他们将会员叫做 Zipster（Zipcar 族），类似小米建立的小米社区、中国移动的 M-zone 人，竭力为用户打造贴心温暖的体验，让用户体验到一种归属感。他们的做法也赢得了客户的尊重，一些特别忠实的顾客，还会在归还车之前把车洗干净。这样，企业和用户的关系就得到了大大的改变，不仅仅是租赁关系，更像是关系不错的朋友！

体验笔记

索尼（SONY）

拿到一个新产品，许多用户会不知道如何使用，于是使用说明书就起到了非常重要的作用，用户可以根据说明书对产品进行组装、拆卸以及使用。但是实际上，很多客户并不全能理解说明书中讲的用法，导致对此产品的使用体验极差。

对此，索尼音响便把这些客户痛点拍成了一个广告视频：有人参照说明书花了一下午时间组装书架，还没拍照发朋友圈，一分钟就倒塌；有人拼死爬到山顶准备露营看日出，结果忙到太阳出来了，帐篷还是没有挂好。

索尼想告诉大家：这并不是你的错，读不懂的说明书不配叫说明书，而需要说明书的产品也不是好产品。视频最后出现的一个是索尼的新款音箱，极易组装，无需说明书。索尼用这样一支痛点连环戳的广告让大家明白：好的用户体验，要像使用最新索尼音箱一样，安装操作极其简单，不需要按照说明书，只需要跟随你的心。

体验笔记

陀螺

2010年的一部电影《盗梦空间》，重燃市场对陀螺的好奇心。其实，陀螺是中国民间最早的娱乐工具之一，起码有四五千年的历史了。而这个小玩意，却在2014年被加拿大一家公司ForeverSpin通过Kickstarter众筹平台重新包装，给这看似平凡的古老玩具赋予了四个新价值。

第一，原来玩陀螺可以增加专注力和提升生产力，对于思维跳跃的人来说，解决了一大痛点。玩，不再只是玩，其用科学分析证明了陀螺的价值，给了用户一个新体验。第二，制作陀螺的元素可以很多，ForeverSpin用了多种物料去制作，而整个制作过程，更采用了苹果的经典手法，让用户对这种超简约的设计一见钟情。第三，用传承作招徕，因为以ForeverSpin陀螺的品质，可以一代传一代。第四，回到玩的本质，不但可以挑战个人的旋转时间，更可以与好友一较高下。

在ForeverSpin的设计下，陀螺不再是一个简单的陀螺，而变成了一种体验！一个简单的陀螺，先利用众筹平台引人入胜，卖的不是产品而是体验，再加上亚马逊的线上购买体验，造就了全球超过70个国家在销售。客户体验无他，就是要做到"客户一位"，从客户的需求，到体验旅程，再不断创新，足矣。

体验笔记

笑容——真实感受

管理之父彼得·德鲁克说,"企业的唯一目的就是创造客户。"但客户也有很多种类,企业需要的其实是忠诚客户,而不是坏苹果。忠诚客户是企业的最佳销售员,他们的用户原创内容(User generated content, UGC)就是最有价值的口碑(word-of-mouth)营销。培养忠诚客户,不是靠一朝一夕,而是在不同时间不同地方都能给客户带来一致的好体验,让客户依赖,继而变成一种习惯。习惯,便是无价。竞者,也就只能远观,无法比拟。

香港一家推广中华服饰的服装店"新装如初",就是从产品、服务、体验三个维度去满足不同用户的不同需求,从而建立起了忠于传统的部落。顾名思义,产品就是度身订造的长衫旗袍,而服务,就是基于中华文化衍生出来的活动,如茶道、老照片等,至于体验,则是让中华传统文化通过跨界推广再次得到社会的认可。在快时尚的大趋势下,特立独行,回归纯真,反而能点燃一颗颗迷失的心,打开一片新天地。

体验笔记

泊车体验

香港寸土寸金，空间是稀有资源，房子供应紧张，房价步步高涨，已经成为社会问题。然而不止房价让人无语，就连泊车也是一个严重问题。

开车外出当然方便，但停车位就永远是一个痛点。这个痛，来源有二。第一，停车场的费用相当高。按香港2017年的水平，一个小时的停车费高达5美元！第二，停车场本身供应不足，车主要找一个能停泊的地方，也不容易。所以，香港的一些街道，便附设了路边收费表，给车主提供方便。路边的收费，一小时只需2美元，但每次最多只能泊2小时。2小时之后，车主便要回到收费处，再次充值，才能继续享用优惠价格，把车辆停在路边。所以，路边的痛点就是，来来回回的充值。

但市场无奇不有，有痛点，就有解决方案。香港一些特别繁忙的路段，便出现了这个情景：一些东南亚人会看守这些路边的收费表。车主只要多付点手续费，想泊多久就泊多久！

这，就是高手在民间！体验，不一定要高大上。

体验笔记

红包由来

微信红包不只是春节的祝愿,更不只是长辈给后辈的贺岁钱。原来,红包可以随时抢,也可以用来打赏任何人,还可以用来表达爱意,更可以用来测试一天的运气。红包,因为微信,从实体走向虚拟。钱,还是实实在在的,但意义,却慢慢被遗忘。

根据百度百科,红包有一个传说。古时候,有一种小妖叫"祟",大年三十晚上出来用手去摸熟睡着的孩子的头,孩子往往吓得哭起来,接着头疼发热,变成傻子。因此,家家都在这天亮着灯坐着不睡,叫做"守祟"。有一家夫妻俩老年得子,视为心肝宝贝,到了年三十夜晚,他们怕"祟"来害孩子,就拿出八枚铜钱同孩子玩。孩子玩累了睡着了,他们就把八枚铜钱用红纸包住放在孩子的枕头下边,夫妻俩不敢合眼。半夜里一阵阴风吹开房门,吹灭了灯火,"祟"刚伸手去摸孩子的头,枕头边就迸发出道道闪光,吓得"祟"逃跑了。第二天,夫妻俩把用红纸包八枚铜钱吓退"祟"的事告诉了大家,以后大家学着做,孩子就太平无事了。

这,就是红包本来的意义,但科技的发达,让人容易忘本。试想,端午没粽子,中秋没灯笼,会变成怎样的节日体验?体验不一定要不断创新,更多时候,文化维护,才能让经典传承下去。

体验笔记

体验曲线
让企业盈利恒丰的 365 个体验
EXPERIENCE WAVE

184

电梯围城

大部分商场，都设有电梯。这对于来也匆匆去也匆匆的客户来说，肯定比自动楼梯（也叫扶梯）更方便，但对于商场来说，当然希望用户选择扶梯。这样，用户便会到达每一个楼层，购买的机率也会相对提高。面对来势汹汹的电商，扶梯原来也扮演着重要的角色。

电梯是有目的的工具，将用户从一个点直接带到另一个点，所以更适合有清晰目的的用户。比如现在商场楼层设计大部分是将餐厅、电影院放到顶层，停车场放到地库。在这个情况下，开车的吃货，自然会选择电梯，以省却不必要的转圈时间。

但电梯有两种无奈。一是没选择能力，任何人都能使用它。二是空间有限，5个人的容量，就不能够变成6个人。勉强了，后果自负。只可惜，市场永远有喜欢勉强的用户。也因为这些用户，明知不可为而为之，强行塞进去，但求个人方便，罔顾其他用户体验。如果电梯里站在后排的乘客要离开，靠近门口的又不愿意让开，就恶化了整个体验。

早在1929年，日本就出现了电梯操作员一职。本来这个岗位是解决用户不会使用电梯的痛点，但现在，更多是用来控制"交通"。

在企业不参与体验设计的情况下，体验由用户自定。

体验笔记

香港地铁

"家有一老,如有一宝"。前辈们为社会默默付出,到了晚年,应该得到社会的尊重和照顾。香港地铁为了更好地照顾老人出行搭乘,为老人设计了优先座。当然,优先座的对象还包括小孩、孕妇和残疾人。不过,设计与实现是两回事。大部分乘客对让座的体验感不足,特别是下班族带着疲惫的身躯,好不容易挤进车厢就是希望有座位能够稍作休息。就算车厢内有文字宣传,有的人可能也视而不见,特别是低头族。企业能从"客户一位"出发,为不同用户设计不同方案,而方案的落地却需要市场配合才能发挥作用。得不到市场的完全支持,企业的力量是有限的。毕竟,企业不是政府或者教育机构,很难通过商业行为来完善人们的基本素质。

✎ 体验笔记

食养山房

社会生活的快节奏让人的脚步没法慢下来，但人不是机器，总需要有休息的时刻，为以后的路可以走得更好更远。台北就有一间"禅的餐厅"，名字极其雅致——"食养山房"。这家餐厅地理位置偏远、没有菜谱、需要预约、不做广告，但生意却很好，预约都要提早两三个月。虽然地理位置偏远，但是给客户的感觉是"世外桃源"；虽然没有菜单，但把四时节令请进厨房，带给客户；虽然不卖广告，但是客户口口相传，自发在互联网上推介餐厅的美妙。这，就是体验营销的结果。

体验是"体验"一个"体验"得到一个"体验"。所以，设计体验，需从三个维度开始：动词、名词、结果。食养山房从选址就已经是一个悉心的动词设计，借着远离烦嚣的环境，协助客户用五官安宁地感受禅意。而不提供菜单的安排，除了贴合禅的无物，其实也是一种名词的体验创新。名词和动词都做到位，自然就会带来好的结果，即口碑。盛世广告（Saatchi & Saatchi）首席执行官凯文·罗伯茨（Kevin Roberts）在《爱的标签：品牌背后的未来》Lovemarks: The Future Beyond Brands 一书中认为，品牌需要持续给客户带来神秘感、感性和亲近感，来稳固客户与品牌的关系。食养山房，就是案例。

体验笔记

盈利恒丰

很多企业以为"市场份额"是盈利恒丰的关键元素,但这只不过是在红海里挣扎求生。市场就这么大,争取额外的客户,在移动互联网先免费后付费的习惯下,企业很多时候都得不偿失。所以,企业更应该关注客户份额,即客户钱包给企业支出的百分比。比如用户独爱苹果品牌,钱包里的钱全都投到苹果去,其他品牌如微软就一块都拿不到。所以,客户份额尤其重要,特别在体验经济方面。好体验的结果就是习惯,而建立了习惯,就很难改变。企业要想拥有忠诚的客户,就要从客户角度设计出好体验,协助用户从一个陌生的环境走进舒适地带。微信的支付功能,彻底改变了用户的出行支付习惯。现在在中国出门,只需带上手机即可!整个转变过程,不是一步到位,而是通过平台服务的不断升级,让改变习惯变得理所当然。企业需要记住,用户对新事物大部分都是既有所好奇,又有所抗拒的,所以了解用户的工作目的,从而创新体验,给用户提供"当下最有价值"的事物,并持续优化体验,才能培养出忠诚的客户,实现客户份额最大化。

📝 **体验笔记**

三联书店

客户每天都会在不同的渠道接收到企业不同的信息，有的是树立品牌，内容指向性侧重于品牌内涵、价值主张等，有的则是为了提高销售量，可能是活动宣传，也可能是打折让利。比如现金券，就是餐厅很常用的营销方式，通过小便宜来刺激客户再次消费或者帮忙宣传。其实，这种产品思维已经是老掉牙的把戏了。在移动互联网的时代，客户没有那么多精力出门带着各种各样的现金券或者会员卡。

三联书店，一家有悠久历史的书店，大概没有与时并进，当客户在香港分店购买书籍的时候，员工会要求客户出示会员卡才能享有优惠。就算香港的数码化还不够先进，但最基本的手机号识别竟然也欠奉。"客户一位"，并不是要求企业完全牺牲利润去满足客户，因为对的客户也不会无理要求企业，而是要企业从客户的角度出发，在不影响盈利恒丰的前提下，为客户解决痛点，创造乐点，协助客户在不费力的情况下获得更好的体验。如果体验旅程太繁琐，反而会让用户反感。企业要做到双赢，就不能单方面地"做自己"，忽略了客户体验的重要性。

体验笔记

第六章
客户体验 入门

保险公司

人生不如意事十之八九,所以便出现了保险这个工具,让用户就算面对突如其来的意外,也能安心。即使用户买了保险,也希望逢凶化吉,保险领取,可免则免。保险公司的价值,就是兑现安心这个承诺,买了保险就无后顾之忧。但如果保险公司的关键绩效指标(Key Performance Indicator, KPI)是拒赔率的话,客户体验就大打折扣。

日常每当遇到保险赔付争议,常被问到为何推荐不合适的保险业务,保险公司代表经典的回答是"这是客户的选择"。如果保险公司违背了承诺,便破坏了客户对品牌的信任。但为什么体验差仍有客户?实际上,中国市场太大,信息传播依然不够。另外,保险存在一定的概率论,有一部分客户不会体验到理赔环节。

"客户一位",不是在某一时间对某一群众制造好的客户体验,而是在所有时间给所有受众做好客户体验。不管客户体验,用钻空子的心态来怠慢客户,以求获得更多的利润,便是远离"客户一位",最终导致体验断线。

体验笔记

O2O 之电影篇

O2O（Online to Offline）即线上到线下，早已成为企业常用的运营形式之一。在最传统的电影体验旅程里，首先是用户通过不同媒体得知电影上映时间，然后到达电影院排队购票，轮到自己便按客服展示可选位置，以现金或者刷卡付款购票。为了得到好位置，用户一般会提前到电影院，买好票后通常还有大把时间，就在商场里随便逛逛。到了移动互联网时代，线下买票已成历史。用户需要的，就只是一个App，比如猫眼。每当用户想看电影，打开猫眼，电影信息就在指尖！从影片评价到电影院地点到放映时间到位置选择到付款，整个过程，用户都可以随时随地通过手机完成。而线上和线下的接口，就是取票点。其实，O2O已经渐渐演变成OMO（Online merges with Offline），即线上线下全整合，不只是线上线下引流的关系。而在OMO，线下与客户的互动尤为重要，因为线上定义了期望，线下就要兑现承诺。企业在最后一里路辜负了客户，整个体验就会大打折扣！在移动互联网时代，企业若因循守旧，只会被淹没在市场的红海里。为了实现盈利恒丰，企业需要掌握市场变化情况，顺势而为，才能更好地改善体验旅程，让用户与企业的关系更和谐。

体验笔记

第七章　客户体验

（一）工作目的

王者荣耀

对于腾讯游戏"王者荣耀",天美工作室(腾讯 IEG 旗下负责研发精品移动游戏的工作室)的设计师们总是"削弱这个英雄,增强那个英雄",想要追求一种"平衡的境界",或者是不断给地图增加"河道蟹"这样的多元化元素,让游戏更加具有趣味性。他们还将很多老英雄重做,不断推出新版本。但是其实有很大一部分玩家压根不在乎这些,因为他们玩"王者荣耀"只不过是因为:朋友们也在玩,所以就当做一种社交手段。朋友们如果集体转移到别的游戏,那么他们也将会跟着去别的游戏,和"王者荣耀"本身的游戏性并没有什么关系。比如现在大火的"绝地求生:大逃杀"以及同类的手游、端游,便让"王者荣耀"流失大量玩家!

在"王者荣耀"中,设计者更加应该思考的是玩家想要的是什么,不应该过于关注游戏本身属性的取舍,而忽略了用户们选择产品的目的,应该仔细考虑自己的产品在用户中扮演着一个怎样的角色。用户的需求,是企业最基本的考虑。如果企业没搞清这个需要,却不停制造自以为是的价值,最终只会输给明白客户体验核心元素第一步的竞争者。

体验笔记

手机附件何价？

在苹果公司还没有推出 iPhone 之前，手机只是一个移动沟通工具，方便用户与外界随时沟通。但 iPhone 的出现，除了改变了人们的生活方式以外，还影响了思维模式。智能移动电话，不再只是一个通讯工具，而成为了用户最好的朋友。它随时随地忠心侍主，用户开心的时候能保存回忆，忧伤的情景有音乐作伴，总之事无大小，它都赴汤蹈火——帮主人解决。久而久之，用户对手机便宠爱有加，给它添上新衣裳（手机壳）和护肤霜（手机膜）。旧不如新，这些配件，非新一代手机莫属。而原因，就只是苹果二字。简约时尚，已经是苹果的代名词。所谓"竹门对竹门，木门对木门"，既然苹果身份非凡，手机的价值也就自然水涨船高，用户能不好好照顾手机？好的品牌体验，能够潜移默化地改变用户的习惯，提高客户对品牌的黏度，稳住企业最关键的收入来源。

体验笔记

旅游

用户旅游,追求的是点点滴滴的难忘片段,待到几年或几十年后细细回味。毕竟,人生走到最后,剩下的只有回忆。价格,只是短暂的快感,旅程,才是永恒的记忆。

每逢节日,人们都会有计划。旅游,是满足这个目的的一种手段。旅游的方式可以分很多种,有节日旅游、淡季旅游、跟团游、自驾游,甚至穷游等等。当然每一种方式都有其利弊,比如节假日旅游时堵车的烦恼,跟团游时不能随心所欲观赏美景,但是自由行却又很多时候为找不着路而烦恼。

这种种,就是用户旅游体验中的痛点和乐点,企业要做的,就是先从用户的目的出发,再找出用户体验旅程中的痛点、痒点,想方设法去为用户解决这些痛点,这样才能带来利润。比如旅行社,除了提供传统的国内外旅游,针对害怕人多的用户,可以考虑黑暗中的感官旅游、蜗居场景旅游,让用户足不出户或者在人流量受控制的情况下,也能享受到旅游乐趣。

体验笔记

第七章
客户体验（一）工作目的

"客户一位"的关键

苹果公司是全球首家市值突破万亿美元的上市科技公司，它除了以简约营销见称外，不事先去做客户需求调研算是另一个颠覆性创新。到底企业应否通过市场研究去了解用户需求？这个其实是"先有鸡还是先有蛋"的问题。

哈佛教授克莱顿·克里斯坦森（Clayton Christensen）在2003年的著作《创新者的解答》*The Innovator's Solution* 中提出了一个新的概念，叫工作目的。简单理解，JTBD强调的是企业要去满足客户的需求，并建议企业不应只关注产品或服务的研发，更关键的是客户为什么选择某一个解决方案去完成那一个工作目的。例如大多数人会说，他们买一个割草机去"割草"，但如果割草机的制造商审视一下割草的"工作目的"，其实是"让这些草在较低的高度保持平齐，并且漂亮"。明确了这个目的，下一步行动就是放弃"制造更好的割草机"，转而去开发一些根本不需要人去割草的转基因草种。JTBD同时也协助企业发现更大的市场，因为市场分类不再从顾客和产品出发，而是从客户需求出发。JTBD是实现"客户一位"的关键第一步。

体验笔记

195 体验曲线
让企业盈利恒丰的 365 个体验
EXPERIENCE WAVE

目标用户

一个产品或者新服务的上线应该在前期进行详尽的调研，经过可行性分析，然后便是基于目标用户需求的深入分析，根据用户的需求来进行产品的定位，最后才是产出的原型。如果说直接被丢过来需求怎么办？在企业没有办法拒绝，只能按照需求去做的情况下，也必须要尽可能地从用户的角度去思考，思考用户的目标是什么，为了完成这些目标用户又会去完成哪些任务，从而又会触发哪些操作。用体验思维来看，这就是企业需要重视的客户工作目的。

《触动人心：设计优秀的 iPhone 应用》与《About Face 3交互设计精髓》都不约而同地提到了这种思想，那就是以用户目标为中心的设计。《触动人心：设计优秀的 iPhone 应用》中提到了触动人心的设计源自于深刻理解受众及其目标，而《About Face 3交互设计精髓》则指出设计的目标依赖于当时的情境——谁是目标用户？他们在做什么？他们的目标是什么？对于一款产品而言，首先应该做到有用，其次才是更高层面的好用和易用。及格的产品基本上都是主要流程能够走完，能够满足用户的需求，而优秀的产品则会尽可能考虑用户的工作目的，保证在用户主要的流程能够走完的基础上，让用户能够更加愉悦地使用产品。

✎ **体验笔记**

米其林

米其林做轮胎，为什么会做起美食？企业发展延伸性。米其林做饮食，能帮助他们的轮胎销售？美食评分的严谨信誉的保证，使别人认为他们的轮胎也是很严谨的。

什么用户用轮胎？开车根据指南旅行顺便可以寻找美食，这就是用户导向+价值的思维。其实米其林做的不是这个，醉翁之意不在酒，米其林就是工作目的的一个很好案例。在开车寻觅美食的过程中，轮胎的销量就有机会提高。出售体验，出售文化，都远比出售产品本身所带来的价值大。从根本上来说，还是人们消费意识的转变。同样的，其他的行业，比如地铁公司，能否从米其林得到启示，思考如何发挥更好的让座体验？

体验笔记

奶昔

哈佛教授克莱顿·克里斯坦森（Clayton Christensen）用奶昔做了一个经典的工作目的案例。麦当劳（McDonald's）——全球大型跨国连锁餐厅，想提高奶昔销量，请了研究员调查客户最关注奶昔的哪种特质。是要做得更稠？更甜？还是更凉？但这份调研并没有使奶昔的销量上升。克里斯坦森教授却选择忽略奶昔本身对客户进行研究，并每天坐在麦当劳里长达18个小时，观察哪些人在什么时候买奶昔。

最终得出4条线索：

1. 很多奶昔是在早上被销售出去的。
2. 买家通常独自一人。
3. 除了奶昔外他们几乎不买任何其他食物。
4. 他们从不在店里喝奶昔。

原来，这些买奶昔的客户通常需要驾车很长时间，所以要做一些事来打发无聊的通勤。尽管在早晨购买奶昔的时候并不饿，但到了上午10点一定会需要一些食物来填肚子。而跟其他食物相比，例如甜甜圈或香蕉，奶昔吃起来更方便，味道也不错。更重要的是，一杯奶昔通常分量很足，可供他们坚持到目的地。基于这个调研结果，麦当劳便把奶昔做得更稠了一些，并在奶昔中加入小块的水果，给客户带来惊喜。最后，奶昔销量因此上升。"客户一位"就是引导企业避免过分关注产品，而应理解用户的真正工作目的。

 体验笔记

微软 Windows XP

微软每隔几年便推出一个新版本的操作系统，但其中的 Windows XP，即 WinXP，一直被视为是历代最成功的系统。为什么之前的 Win95 或者后来的 Win7 都没能胜过 WinXP？一个关键原因是 WinXP 几乎彻底满足了当时用户的工作目的。其实，用户买 PC 的目的是什么？用户渴望的，就是一款简单易用、兼容性好的操作系统，以满足日常工作和娱乐的需要。WinXP，就是基于客户的这个目的而设计出来的操作系统。有趣的是，其中"XP"来源于"experience"，就是体验的意思。

比尔·盖茨宣称该系统为人们"重新定义了人、软件和网络之间的体验关系"，事实证明，的确如此。这款系统拥有当时最简洁漂亮的界面和超高的兼容性，关键是，它容易上手、操作简单，给客户带来全新、舒适的操作体验，也解决了他们所关心的操作问题。正是这个系统明确了用户的工作目的，创造了良好的客户体验，在更新换代极为迅速的 IT 领域，Windows XP 传奇般地"服役"十多年，成了操作系统中延续时间之最。

体验笔记

空中巴士

空中巴士，用模块组成给乘客带来不一样的飞行体验。飞机乘客一般都在一个狭小的空间活动，饭菜送上的时候，必须停止工作。现在这个模块组成的设计，让飞机的内部有更大的变动空间，让客户体验到不一样的飞行旅程。这也是体验创新的一块，将不可能变可能，从最原始的设计开始。当然，有这样的设计，成本也要考虑，这项服务针对的是能负担得起的受众。大部分人都渴望这种优质的飞行体验，但如果这种高档次的方案没能有效地满足用户需求，用户就会继续选择更合适的方案。

体验笔记

第七章
客户体验（一）工作目的

24小时技术支援

科技越发达，人的互动就越少。人们大部分的沟通，都是一条短信或者一条群发消息，甚至只是一个简单的状态更新，就算是交代了。很多企业也依靠科技跟客户接触，比如电商，售前售中售后也是以网上聊天的方式进行，电话可能也多余，面对面更是天方夜谭。尽管人都明白人与人之间互动的可贵，但人的惰性，使得情缘继续便宜。

某些IT企业，还是保留了24小时技术支援服务，这对于用户来说，是一个好消息。但如果这个服务没能为客户解决问题，这个所谓的24小时，有等于无。更坏的是，用户会感到被骗，因为企业没遵守承诺。手动和自动的区别是，前者更能掌握情况，而后者则是基于设定来操作。用户的期望，一般认为，人脑当然胜电脑。如果接听电话的人，没法掌握用户痛点，更没能提供合适的解决方案，这会带来灾难性的差体验。

企业从提供好的客户体验出发，但最后因为员工的无能而得罪客户，这是非常可惜的。所以，在为市场设计任何服务的时候，企业需要确保员工有这个能力。

✒ 体验笔记

体验曲线
让企业盈利恒丰的 365 个体验
EXPERIENCE WAVE

宝洁（PROCTER & GAMBLE）

"世界一流产品，美化您的生活"，是宝洁在世界各地推广其品牌时作出的承诺。作为世界最大的日用消费品公司之一，说到就要做到，否则，便违背了承诺，给客户带来了差体验。所以在产品研发上，宝洁会针对不同客户的情况，对症下药，更好地满足客户的需求。

以洗发水为例，客户买洗发水是希望头发得到护理、发质得到改善，但不同的人发质也不同。比如东方人的发质较硬较干，不同于西方人，宝洁便研发了营养头发的潘婷品牌，以满足亚洲客户需要。再以汰渍洗衣粉为例，它在日本的配方是根据日本的调查数据研制的；在欧洲国家因为水中矿物质含量较高，特意在配方中加入软化硬水的成分以满足欧洲客户需要。宝洁从客户角度出发，兑现了"美化您的生活"的承诺，强化了客户与宝洁的黏度。

体验笔记

诺基亚（NOKIA）

如今智能手机泛滥，在这种情况下，消费者出现了另一种需求：需要一台只要有打电话、发短信等基本功能的手机，给不懂智能机的老人使用、给自己当备用机或者给孩子用。

基于这样的需求，曾经的手机霸主诺基亚，在苹果、三星等手机巨头围剿下，凭借一款可待机35天的低端机，也造就过"一机难求"的盛况。这款诺基亚1050在2013年5月进入市场，它没有超大触摸屏，没有高速内核配置，更不支持移动网络和WiFi功能，却凭借35天的超长待机、169元的超低售价、耐摔防水的实用功能成为当月销售最火的机型。不仅实体店普遍缺货，连淘宝、京东、苏宁等网购平台也处于缺货状态。

诺基亚1050的最大卖点是长待机、低售价和耐摔耐用，它满足了三类客户的需求：一类是有智能手机却想要个低端机备用的人；一类是不懂智能机只需要打电话的老人；一类是读书、工作期间不想被手机干扰的学生和工作人士。所以说，满足客户需要的，就是好的产品。

体验笔记

理发店

职场人士都希望能以饱满的精神和充满朝气的形象投入工作，但加班和应酬等事务往往使人疲惫，早上按时起床尚且不易，还要花时间打理形象，那是令人烦心的琐碎小事。

为了解决客户这个痛点，让职场人士以更好的形象迎接新的一天，一个由28家理发店发起的晨间形象服务"Morning at Barber"在日本东京兴起。参与这个项目的理发店会在早上9点到11点专门为职场男士提供有别于平时的理发服务，客户可以一边喝着理发店提供的热咖啡，一边在放松的状态下享受剃须、理发和造型服务。晨间的热咖啡让人清醒，理发服务解决了形象问题，如此使得客户从内而外焕发朝气。这样的晨间服务，使得理发店不单是提供常规理发服务的场所，还成为了客户放松身心、收获自信的体验空间。

剪发，本来是隔段时间一次的定期活动，但理发店只要从用户的生活细节中寻找到改善需求的触点，便有了实现"客户一位"的基础。

体验笔记

乐高积木（LEGO）

管理学之父彼得·德鲁克曾说，客户的需求是企业整个活动的中心和出发点。作为一个玩具品牌，乐高首先想要满足的就是儿童客户"好好玩"的需求。品牌名称"LEGO"由丹麦语中"LEg GOdt"的首字母拼凑而成，也就是"好好玩"的意思。

乐高将玩耍的快乐细化为"创造带来的成就感"，乐高品牌也因此承担了神圣的使命——"让孩子享受建造的快乐和创造的骄傲""激发孩子的想象力和创造力"，鼓励孩子通过"动手""动脑"去追求理想。孩子要玩具是为了玩得开心，而家长给孩子买玩具，既为孩子的开心又希望能开发孩子的智商和创造力，乐高"激发和培养明天的建设者"的理念和口号完美地满足了家长和孩子买的目的。

不同于某些同类企业在玩具中生硬加入知识内容或者生产没有教育意义的玩具，乐高更愿意为游戏和玩耍正名，强调在游戏过程中培养起来的、无可替代的思考能力和知识转化能力。切中客户需求是乐高在众多玩具品牌中脱颖而出的秘诀之一。

✎ 体验笔记

资生堂(SHISEIDO)

资生堂,日本著名的化妆品品牌,为了给客户带来不一样的体验,其内部创新设计实验室,为年轻的女高中生量身定制开发了一款产品:Posme。为了了解客户的需求和使用体验,资生堂在全国范围招募了40位女高中生参与到研发团队中,从而能够在研发过程中就获得用户的第一体验反馈,并认真细致地听取和分析这群目标客户的意见,如"希望能够交换使用和分享""希望能和闺蜜用同一款色号"等。

听取了女高中生的意见,考虑到时下流行的分享式社交现状,资生堂把这款产品命名为Posme,也就是Post Me的意思。为了让女高中生有更多机会接触到这款产品,Posme没有在资生堂的化妆品柜台出售,而是入驻一些女高中生常逛的连锁杂货店。资生堂这一系列做法,都是为了走近客户,只有对客户的需求充分了解,才能带给客户非凡的体验。

体验笔记

心形药片

企业在迎合客户的需求，努力为客户打造更为良好的体验时，需要注意创新是不是从客户的角度出发的。

江苏一家制药公司，曾经出产过一款用于治疗脑血管病、脑外伤的口服药。为了让药片更美观，便将药片设计成了"爱心"形状。这也算是一种极具创新的想法，但是客户在服用这款药片时，因为带着尖角，极难下咽（这款药片并非咀嚼片），非常容易卡在喉咙里面，客户的体验极差。

在这个例子中，该制药公司就是没有考虑清楚客户的需求是什么。对患者来说，药片好不好看都是次要的，容易下咽比好看更加重要。企业在创新体验的时候，需要考虑到客户的目的，而不应该闭门造车，脱离用户，那样只会导致极为反面的结果。

体验笔记

巴士电视

香港巴士里都有一台电视，这台电视的功能有二：一是提供资讯，二是卖广告。

巴士电视刚推出的时候，反映好坏各半。觉得坏的，当然是乘客。在整个巴士旅程中，乘客基本是被困在一个没法逃脱的盒子里。由于节目的内容是统一播送的，没法做到像飞机所提供的个性化节目，巴士上的电视播放什么，用户只能默默承受。不想被打扰的用户，会选择戴上耳机然后做低头族。所以，巴士电视对于某类用户来说，没好过有。觉得好的，当然是巴士公司，借着新的广告渠道，提升了收入。在客户层面，也并非一面倒的负评，市场调查发现，有一些短途乘客，认为电视节目有其价值所在。

事实上，巴士电视的设计，很有创意，在一个不起眼的空间，创造出一个吸睛的触点，丰富了客户平淡的体验旅程。但一样的内容面对不同的群众，只能是各花入各眼。一个触点给一群用户好的体验，但同一触点对于另一个群体来说，便成为差的体验。体验从来不是由企业定义，而是由用户说了算。

体验笔记

第七章
客户体验（一）工作目的

茶餐厅体验

　　茶餐厅，是香港的发明。它的市场定位和价格不高不低，是平民化的饮食场所。尽管茶餐厅走的是大众路线，但仍可以分不同档次，简单的就有两种：中档的，比如翠华、源记、康年等；普通的，就是一些单一的非连锁经营。一般来说，中档的卫生情况要好一点儿，虽然还是逊色于有档次的餐厅。但普通的，基本还没倒闭的原因是因为食品有特色，凭着一两道拿手小菜建立了口碑，继而引来不少慕名而来的新食客，哪怕环境邋遢。

　　在这些普通档次的茶餐厅，用户会经历一个反常理的体验旅程，但又习以为常不会投诉。服务员安排就座，然后进行简单清理便送上餐具，但更重要的是，附带一盘热水。而这盘热水的功能，竟然是让食客吃个安心。洗碗阿姨大概要清洗的用具太多，没法确保每一件餐具足够干净，所以店主便提供热水，让用户自行清洁。

　　这个安排，本身是不合理的，用户来用膳，不会想到要做清洁工。但用户都会给餐厅干活，不一定心甘情愿，但都自动自觉。体验是好是坏？可能都不重要，因为茶餐厅已经做好了期望管理。普通茶餐厅卖的不是服务，而是其特色体验。

📝 **体验笔记**

体验曲线
让企业盈利恒丰的 365 个体验
EXPERIENCE WAVE

连环画

当电子书出来的时候,很多专家大咖断言说实体书会从此消失。但事实是,实体书店依然存在。那么,已经越来越少人看的连环画是否也快要没市场?这不一定。原因是每个用户都有自己的工作目的。企业只要能够深入理解用户的工作目的是什么,并能做出比其他竞争对手更好的方案,用户就自然会"招聘"这家企业,去完成这份工作。连环画,虽然是老玩意,甚至对于互联网一族来说,都有点过时。但连环画,对于喜欢怀旧和爱书的人来说,还是非常有价值,因为连环画,极具收藏意义。对于爱怀旧的人来说,他们就是爱收藏。不同层次的收藏家会有不同的目的。富豪收藏的是要有升值潜力的物品,从投资角度出发。但普通老百姓,就是渴望拥有能够唤醒儿时回忆的物品。连环画,正好协助平民收藏家满足这个目的。所以,企业只要能掌握好用户的工作目的,就有机会开拓出一个蓝海市场!

体验笔记

绿色红包

香港虽说是大都会,但在很多方面还是非常传统的,比如微信红包。绝大部分的香港同胞,并不完全理解微信红包到底是什么,也因为此,香港的春节气氛,还是相对传统。每逢春节期间,不同行业都会提前印制富有品牌特色的红包,供用户领取。这些红包,一方面强化用户对品牌的认知,另一方面,就是创造好的客户体验。有些时候,这些实体红包是限量的,只有熟客才能拿到。送的人自然会感到身份尊贵,而接受的人也觉得非同凡响。其中一个经典案例,是施华洛世奇在红包中间的"福"字上镶了一颗小水晶。

但企业在生产这些特色红包的同时,是否会考虑到浪费和不环保?企业为了巩固其品牌体验,很多时候会忽略大环境。就算一些环保团体建议回收往年的红包再送出去,企业也视而不见。好的体验,会顾及持续发展的3P,环境保育(planet)、人员发展(people)、企业收益(profit)。

体验笔记

体验曲线
让企业盈利恒丰的 365 个体验
EXPERIENCE WAVE

211

让座

公共交通工具，顾名思义，就是开放给公众使用。而社会的结构，从来都是一样米养百样人。百样人当中，有些特别需要照顾，所以，一些靠近上下车的位置，通常会预留给有需要人士，比如孕妇、老人等。而这些位置，都会有特别设计，提示大众要让座。

企业虽然做了安排，但总会有人忽略信息，明明不是伤残人士，却要霸占属于他人的地盘。这种情况，屡见不鲜。车上的其他乘客看见了，通常四种反应：第一，藐视自私行为；第二，劝导要求让座；第三，眼不见心不烦；第四，拍照广发媒体。

这个体验设计，虽然很多时候没能发挥本来的效果，但由于人都有怜悯之心，当不公现象出现了，其他看不过眼的用户，就会参与其中。这说明，设计体验，只要直击人心，就能发挥好的效果。

✎ 体验笔记

第七章
客户体验（一）工作目的

果壳网

在《品牌鸿沟》一书中，马蒂·纽迈耶（Marty Neumeier）用"信息泛滥时间有限"，来形容互联网给用户带来的影响。庞大的信息其实没有协助用户在众多的选择中作出有效的决定，很多时候，反而让用户有了选择困难症。用户其实不需要更多的选择，他们只需要得到他们需要的。就像买车，客户面对着各式各样的新车测评数据和宣传大片，但到底这款车能不能给客户带来驾车的快感和体验，谁也证明不了。

为此，果壳网携手天猫，化身"超级脑司机"，通过高科技手段，对驾车的"体验感"展开测评。在《超级脑司机》节目中，果壳团队测试极限驾驶中的车手与副驾的脑电波、alpha节律、心率等指标变化，进而测评该款汽车的驾驶体验。

果壳网此举，从一个全新的角度出发，没有用各种空洞的汽车参数干扰客户，而是直接聚焦到客户的驾驶体验，回归到了客户的目的。正如福特创始人亨利·福特（Henry Ford）所说，"如果我最初问客户想要什么，他们应该是会告诉我，'要一匹更快的马'！"这是因为客户关心的是要解决的问题，而不是哪款产品，这就是客户的目的。

体验笔记

Eone 手表

时间是世界上最公平的资源，因为所有人的时间都一样。用户要善用时间，让生命的每一秒都活得有价值，手表就是不可少的工具。但自从有了智能手机以后，手表看时间的作用就渐渐丧失，慢慢变成了身份的象征。比如，百达翡丽（Patek Philippe）和斯沃琪（SWATCH）就代表了两种不同的定位。在手表这个红海市场，出现了定位清新的品牌：Eone。这款为每一个人设计的手表与众不同，它没有任何指针，也没有任何数字，只有两颗钢珠，靠磁力驱动运转，用触觉感知时间。Eone 的其中一款产品是 The Bradley，命名于一位有着积极影响力的前美军战士——Bradley Snyder。他在执勤时意外受伤双目失明，但没有因此而丧失生活的信心，而是积极训练游泳，并在世界残运会上夺得佳绩。The Bradley 背后的故事，赋予了这只手表一个灵魂。它不是一只普通的手表，更不是炫耀身份的时尚奢侈品，而是代表着对生命的一种积极态度。拥有 Eone 手表的用户，可能不是为了看时间，而是为了时刻提醒自己，活着就是幸福！

体验笔记

第七章
客户体验（一）工作目的

麦当劳（McDonald's）

企业在设计客户的体验旅程时，首先要考虑的是客户的目的，要知道客户想要做什么，才能在整个旅程的关键触点给用户带来更好的体验。以前到麦当劳消费时，一般都要在点单台前排队，人工点单需要耗费大量的时间，客户只能慢慢等待，这其实违背了客户吃快餐的原则，给用户带来差的体验。

在2016年，麦当劳推行"未来体验"举措（Experience of the Future，EOTF），所有的一切都围绕着新时代展开，升级方向是"新世代餐饮体验、新世代便捷设施、新世代顾客服务以及新世代的优质汉堡体验"。根据麦当劳中国首席市场官须聪所说，EOTF"不仅仅是追着客户的需求，而是看到那些新趋势，客户还没有办法表述出来的时候，就应该给用户一个可以满足他的体验。"而自助购买机的出现，就是其中一个EOTF行动，来更好地缓解排队带来的不便。客户当下的需求固然重要，但那些说不出来的需求，就只有"客户一位"的企业，才会努力预见，并继而设计出方案来满足。体验设计，没有规定人工好还是机器好，但唯有能帮助客户更好地完成其目的，才是好的体验！

体验笔记

卡佛奴

　　商业街是城市人流聚集的一个主要场所，有各种各样的服装店、餐饮店等，可谓是旅行消遣的必去之地。在一些商业街，有时会看到一些挂着"店面到期""拆迁清货""最后三天"等标识的店面，意在运用这种速销手法来吸引客户，提高销量。比如在广州上下九步行街，就有许多这样的衣服鞋子店铺，店里面积不大，商品随意摆放，甚至有的直接堆放在地上或者一张大桌子上，给客户一种有点混乱的感觉。然而这样的店铺却人来人往，生意异常火爆。配合着店里播放的流行音乐，客户们也热火朝天地挑选产品。事实上，这样的小店也做出了独特的客户体验。来到上下九步行街的游客，因为这里物品低廉的价格、丰富的种类，大多是想要"疯狂"消费一波，满载而归，亦有的是享受价格谈判，以战胜店主为乐趣。毕竟，游客就是想多体验地方特色，至于是否能够省钱买到所需商品、商家是否拆迁或到期，不是他们考虑的。体验设计，很多时候并不一定要单打独斗，通过合作竞争，也能使客户体验升值。

体验笔记

第八章　客户体验

（二）体验旅程

216

体验曲线
让企业盈利增丰的 365 个体验
EXPERIENCE WAVE

关键时刻

体验旅程（experience journey），又名客户旅程（customer journey），是从用户角度谱出与品牌之间的每一个互动。这些互动对于用户来说，有不同的价值比重。在2005年，宝洁（P&G）就对客户在超市购买的体验旅程做了一次分析，并发现客户来到货架前看到众多产品的时候，哪一个品牌能够让客户在在3~7秒之间产生感觉，客户就会做出购买的决定。这个关键的第一触点，便称为"第一关键时刻"。不过，在线上的购物世界，货架不存在了，而客户更多是通过网络查询比价，精挑细选之后再购买产品。所以提出了零关键触点，即客户在购买前会先从互联网搜索相关资料，而不会在最后一分钟才盯着各种商品做决定。在移动互联网时代，用户的点到点体验旅程不只从线下开始，更多从线上开始。这个起点除了可以是线下的户外广告，或社群的口碑传播，更多的是在线上启动，比如要安排饭局就会先在大众点评查询。设计体验旅程也并不那么麻烦，首先企业要从用户的角度，谱出用户的体验旅程，这是基础；其后是设计每一个触点，丰富整个体验旅程。好的体验，是个不断完善的过程！

体验笔记

第八章
客户体验（二）体验旅程

体验旅程的好坏

电商的发展迅猛无比，导致线下零售店客流量下降，但实体商店仍然是整体零售组合中的关键组成部分。除了实现线上购买线下提货、预定后提货甚至是直接送货上门等这些越来越重要的送货方式，实体商店中还会产生必要的面对面互动的机会，更是客户体验旅程的载体。

如果在一间忙碌的商店里，只有大概两名店员来完成协调补货、退货、销售、交付以及门店展示等所有工作，留给与顾客进行互动的时间将会很少。客户进入商店之后的每一个触点都很重要，这直接关系到体验旅程的好坏。因此，店员们在这里扮演着关键的角色，他们要有敏锐的洞察力，能够阅读顾客的身体语言。客户体验必须反映出顾客期待和品牌价值，而不仅仅只是由现有技术来引导。其实，客户是永远在线的，他们期待店员能够提供与网上购物相同的连续性的购物体验。最起码，店员不仅要能启用移动设备，而且在不离开的情况下，还能通过一个设备来完善与客户互动的每一个触点。此外，不管顾客是否正在观看、购买、离开或花时间取得互补产品的建议，商店都应确保满足顾客的期望，这样体验旅程才不会因此而终止。

体验笔记

体验曲线
让企业盈利恒丰的 365 个体验
EXPERIENCE WAVE

独一无二

体验旅程应该是一个不断优化和创新的状态，体验旅程中充满了客户体验的触点，而触点有可能时时刻刻在变化。所以体验旅程中，没有最好，只有更好。如果客户觉得另外一家店比自己常去的那家店体验更好，那么客户便可能放弃常去的店，而去拥有更好客户体验的店进行购物。

传统的零售货架上，就只有各种各样的产品，客户与购买物的触点仅仅是各种商品。后来，商家开始优化客户的体验旅程，在货架上加上一些不一样的东西，比如说电视宣传、玩具、抽奖活动等等，这时客户的体验旅程就得到了优化，不再仅仅是单调的商品。那是否还能继续优化？当然可以！如宝洁公司（P&G）帮宝适（Pampers）发现，很多妈妈是带着小孩购物的，因而宝洁帮宝适纸尿片重新设计了整个货区。不仅进行货架管理，更设计了一个儿童乐园，小孩子可以在里面玩耍、学习，而妈妈则可以安心地挑选纸尿片。这样既增加了销量，又争取了更多的销售空间，还为零售商提高了回头客量。体验旅程不断地优化，便能够得到升华，使客户的体验旅程独一无二。

体验笔记

第八章
客户体验（二）体验旅程

体验旅程的设计点

体验旅程是由无数触点组成的，一个个大大小小的触点要如何来设计，才能让客户的体验旅程更加完美呢？关键就在细节之处。同样是设计体验旅程，不同的品牌商店也有优劣之分。就比如客户在餐厅的体验旅程，有的餐厅注重灯光体验，有的餐厅则注重沙发的体验，更有注重桌椅材质这些的，都是体验旅程的设计点。企业需要考虑的就是，用户评价每个单一触点体验的指标有哪些？并以此来设计体验旅程。

时尚羊绒的品牌古纳斯（Gulass）设计体验旅程的关注点之一就是收银台这一触点。他们特别对收银台进行隐蔽式设计，并且大厅中央有圆形宽大的休息沙发、宽敞的试衣间内外均配有供试衣者与朋友使用的沙发。所有这一切都让消费者能够尽情投入到试衣的享受中，而不被任何疑虑与不安打扰。比起一般服装商店里明晃晃的收银台带来的微微压迫感，古纳斯的体验旅程设计可谓是别出心裁。体验旅程设计并不难，难的是怎么设计好让客户满意，这也是企业需要深思的地方。

体验笔记

220

体验曲线
让企业盈利恒丰的 365 个体验
EXPERIENCE WAVE

提款体验

虽然在互联网时代虚拟越来越多，实体越来越少，但在很多地方，提款还是一个必须的行为。提款，本来就是很机器式的动作：从钱包拿出银行卡，插入提款机的入口，然后输入密码和金额，取钱和卡，就快速地完成了一个任务。不过，道高一尺，魔高一丈。一些不法之徒，利用高科技，在客户习惯性的一轮步骤中，盗取用户密码，从而偷取用户存放在银行里的钱财。那银行如何应对？方案很简单。不是应用高科技，而是回归原始，在提款机贴上提示，建议用户在输入密码时用手掩盖键盘，防止被窥视的可能性。一个并不是从客户角度设计的方案，却成了银行业的常规。

其实，体验不一定是单方付出，也可以相互配合，这，就是价值共创。价值共创的核心思想是消费者和企业共同创造价值，是一种致力于改善企业与客户之间传统关系的新型管理理念。对企业来说，做好价值共创，也是做好"客户一位"的一部分。

体验笔记

第八章
客户体验（二）体验旅程

牛仔裤体验

李维斯（Levi's）是著名的牛仔裤品牌，是牛仔裤的鼻祖。大部分用户想到牛仔裤，就会联想到李维斯。作为百年老品牌，李维斯并不落后，反而与时并进，活跃线上。就在中国，除了过百的实体店，李维斯不止有官方网店，也进驻了天猫、京东和微信。李维斯牛仔裤款式甚多，除了经典501，还有无数的三位数字。也正因为如此，用户要购买一条合适的牛仔裤，网上选购有一定难度，就算网店提供免费换货服务，也费时费事。所以，买牛仔裤，还是到实体店比较划算。

李维斯的实体店，定期有促销活动，用户在老远就能看见店铺门面的优惠广告。在实体店，橱窗广告比网页上的横幅广告更有价值。网页上的广告，可以忽略，但橱窗的广告，是活生生的摆在眼前，只要设计出众，还能谋杀无数菲林，放到朋友圈，可以达到病毒营销的效果。走进店内，销售员会成为一个关键触点，用户要求什么款式，他们都能详细介绍，还会分享专业意见，协助用户选购合适的牛仔裤。

值得一提的是，销售员在整个过程中，不会跟用户提到价格，到结账的时候，用户才发现一条牛仔裤竟然要两千元。这种体验，是好是坏则见仁见智。如果用户事后感到深深不忿，李维斯的发票可别丢掉。每次在实体店的购买体验，都可以按照发票上的指示作出反馈。

其实，销售员如果能在导购过程当中增加透明度，就可以避免不良体验。

 体验笔记

网络红人 KOL

网络红人，简称网红，是在现实或者网络生活中因某事件或者某行为被网民关注从而走红的人。严格来说，网红不算是关键意见领袖，因为关键意见领袖的专业层面要比网红高。但两者对市场都有一定的影响力，可以统称为影响者营销。

在体验经济时代，单方面的广告力度已经大不如前，出于莫名的信任感，用户更愿意去接受影响者的信息。但影响者也是常人，不可能24×7地与客户互动。对此，美国著名彩妆品牌"封面女郎"（COVERGIRL）便开发了舞蹈明星模特 Kalani Hilliker 的机器人版本，实现随时随地与粉丝交流，提高客户黏度。这个被命名为影响者机器人的营销工具，出奇地比真人的互动效果还要好，比如用户给 Kalani Hilliker 反馈的信息量，比平常真人的文章推送多了14倍，移动电商的销售量也因此得到大幅增长！粉丝与偶像的体验旅程因机器人的自动化而大大缩短了。但若是这个自动化只能做到简单的答与问，用户的兴趣就会很快消失。所以，机器人＋人工智能（Artificial intelligence, AI），会是体验设计的大趋势。

体验笔记

第八章
客户体验（二）体验旅程

搜索引擎

体验旅程在客户体验中是一个非常关键的元素。每一个体验旅程都由无数的触点组成，而每一个触点的体验，都决定了客户是否继续与品牌的旅程。传统的体验旅程设计（customer journey mapping, CJM）以线下为主，而线上的 CJM，一般理解为用户体验流程图（UX flow）。两者在执行上其实没区别，都是从用户角度去设计一个别出心裁的体验旅程。

谷歌，全球最大的搜索引擎，刚推出来的时候，就在 UX 的设计上令人耳目一新，跟当时雅虎（Yahoo，互联网门户网站）的复杂 UX 对比，轻易赢得了用户的垂青。另一个经典案例就是 Pinterest，世界上最大的图片社交分享网站。创始人本·希伯尔曼（Ben Silbermann）发现用户浏览的痛点就是要不停翻页，于是设计了瀑布流的形式展现内容，颠覆了传统的 UX flow 设计。

O2O，从宏观来看，也只不过是一个延伸了点对点的体验旅程。以前的点对点是线下旅程，而在移动互联网时代的点对点，链接了线上和线下。企业在设计体验旅程的时候，需要着眼于每一个细微触点，因为魔鬼就在细节中。战胜了魔鬼，就能取得胜利！

体验笔记

新加坡航空

作为世界上最大的十佳航空公司之一,新加坡航空的服务宗旨就是"我们需要给客户提供非常好的体验和物有所值的服务"。有了承诺,就要去兑现,所以新航会努力做好体验旅程中的每一个触点。

整个旅程中的一个关键触点,就是空中服务员。而新航的空姐形象,无疑是全球航空业辨识度最高的形象,她们除了有亲切的笑容、温婉的气质,还身穿出自法国高级时装设计师之手的采用蜡染面料订制而成的沙龙制服,在单调乏味的空中旅行中,宛如一道流动的风景线,给乘客带来独特的视觉体验。

新航空姐的服务,更被视为机舱服务的教科书:她们跟乘客说话时,要么跪着要么半蹲,以保证旅客能平视或俯视自己,减少不必要的压迫感。还有,乘坐一般的航班,空姐说完"飞机就要起飞了,请系上安全带"就消失了;而新航空姐会弯下腰或者半蹲着,伸出芊芊玉手,亲手帮你系上安全带。新航空姐的服务,就是通过体验旅程中一个个细小的触点来赢得乘客的信任,给客户带来与众不同的体验。

体验笔记

第八章
客户体验（二）体验旅程

在线点餐外卖平台 DELIVEROO

衣食住行，是每一个人的刚需。客户对于这四个领域的体验旅程，不会感到陌生。企业要让客户感到惊喜，就需要不断重新设计体验旅程。

Deliveroo，一家英国在线点餐外卖平台，通过将优质餐厅的食物送至家庭和办公室用户手中，让用户可以轻松享受美食，完善了餐饮体验。相比传统的送餐服务，即在特定餐馆点餐，客户与Deliveroo的黏度会更高。因为Deliveroo是一个平台，能给食客带来更多的选择，而且Deliveroo会保存食客的订餐数据，这样在食客以后订餐的时候，就能提供更贴心的体验，进一步提升客户黏度。另外，外卖最关键的就是送货时间，可是，Deliveroo在送货时间体验上大打折扣，所以不管前面的大数据分析做得多到位，给用户的选择体验有多便利，如果关键触点不能满足用户的核心需求，整个体验就会因一个关键触点而被彻底破坏！更严重的不是送货出现问题，因为运营的变数实在太多，而是问题一而再再而三的没有得到解决，这只会鼓励客户转移到其他竞争对手那里，逼企业走上灭亡之路。因此，企业必须要将关键触点做到极致，遇上投诉也必须人性化去处理，这才能给客户信心，延续体验旅程。

体验笔记

ITUNES

iTunes，是苹果公司推出的数字媒体播放应用程序，能管理和播放数字音乐和视频。然而，用户对于 iTunes 的体验却是褒贬不一。一部分用户认为，iTunes 的功能极其强大，可以自由地管理音乐曲库，使多资料库共存，并可无缝转移和切换。但是，也有很大一部分用户觉得 iTunes 过于"笨重"，很难上手使用。那，到底谁是谁非？

"Beauty is in the eye of the beholder"，意即各花入各眼，其实体验亦是如此。不同用户对同一个事物可能产生不同的体验。这是因为用户要实现的目的不一样。有些用户除了用 iTunes 来听音乐，还会观看电影、购买电子书等；而另一些用户则只是用来听音乐。两个不同的目的，使用户经历不一样的体验旅程，而当中所接触的触点，由于旅程的长短，亦会给用户带来不一样的体验。所以，企业在设计体验的时候，要先了解用户的工作目的，然后基于用户对工作目的的期望去设计旅程，这便是实现"客户一位"的基础。

体验笔记

沃尔玛

如今线上电商发展迅猛,线下零售业面临严峻考验,作为世界零售巨头,沃尔玛深谙"顾客至上"的道理,在线下零售领域更加注重客户体验,力争把旅程中每一个触点都做得非常出色,并要求员工的服务要超越客户的期望值:客户进店时,要主动热情打招呼,并主动带客户到他们找寻的商品前;员工要熟悉自己部门商品的性能优点和价格高低,保证客户趁兴而来,满意而归。除了这些常规要求,沃尔玛还考虑到了客户购物前后的体验:购物前,沃尔玛给客户提供免费停车场;在购物后给客户提供"无条件退货"的保证。在美国,只要是从沃尔玛购买的商品,无任何理由,哪怕没有收据,沃尔玛都无条件受理退货。而且沃尔玛重视营造良好的购物环境,经常开展诸如娱乐表演、特色商品展览、幸运抽奖等活动。

正是因为关注客户的每一个体验触点,客户总能从沃尔玛得到全方位的购物享受。也因为如此,沃尔玛拥有了一群忠诚的粉丝,据统计,全球每周光顾沃尔玛的客户达2亿人次,客户们不断地重复购买向上购买,巩固了沃尔玛盈利恒丰的基础。

体验笔记

美国短租套房设备公司 MINUTE SUITES

对于航空服务而言,空乘体验固然重要,但候机体验却是体验旅程中相当重要,却经常被忽视的触点。旅客对于坐飞机都有这样的顾虑:因为飞机延误或中转航班需要而导致留候机时间太长,更可怕的是有时不得不在机场过夜。

美国一家经营短租套房设备的公司 Minute Suites,针对旅客候机体验的这一痛点,为旅客提供了各种类型的睡眠舱。该公司的睡眠舱充分考虑了客户体验,因为美国人习惯宽敞的活动空间,所以舱型普遍较大,有的甚至能容纳一家人。舱内配备有洁净的枕头、毯子、沙发床、牙刷等必备日用品,而且还有 WiFi、充电插头甚至音响设备和工作桌椅。安静私密的空间,简约却齐全的用具,满足了睡眠的刚需,让滞留的旅客免于等候之苦,把候机的无聊、痛苦过程变成一种舒适的体验。Minute Suites 的睡眠舱把体验旅程的痛点变成乐点,给客户带来不一样的体验旅程。

体验笔记

第八章
客户体验（二）体验旅程

西班牙餐厅 SUBLIMOTION

世界上人均消费最高的一家餐厅叫做"Sublimotion"，位于西班牙伊比沙岛硬石酒店内。虽然昂贵，但是其独一无二的用餐体验，却让不少富豪对其趋之若鹜。

Sublimotion 每天晚餐只接待12位客人，由27位厨师为客人们精心制作20道佳肴，同时以29种不同的五官感受相配合，食客们会在美食、艺术和科技的氛围里享受一场3个小时的感官盛宴。这便是西班牙米其林二星名厨 Paco Roncero 提出的一个新概念——"感官料理"。通过和设计师、工程师、幻术师、建筑师、舞蹈编导和编剧互相协作将美食和科技、艺术完美结合，力求给顾客超越味蕾的、全方位的完美用餐体验。当就餐者们享受完"来自未来"的美食后，就可以戴着那副"酷炫"的眼镜，享受一趟5分钟的奇幻之旅，一场前所未有的视觉盛宴。只要坐在椅子上，就可以通过眼镜360度俯瞰各地美景。Sublimotion 餐厅精心为食客们设计的用餐体验，使得去过的客户们对其评价极高，也促成了 Sublimotion 餐厅在世界的盛誉。

体验笔记

美国汽车租赁公司 ZIPCAR

每家公司都会提供某种客户体验。企业为了吸引用户，扩大企业的规模，获得市场，会煞费苦心地为客户精心设计体验旅程。但是，这种体验的"好"与"坏"企业说了不算，而是要由客户来评定。体验旅程是一个长期的过程，从开始到结束的各个触点都应该仔细斟酌设计。Zipcar，美国最大的汽车租赁公司，它在客户体验旅程上就下了颇大的功夫。用户想要使用汽车，便是体验旅程的开始。在第一个"用车"触点中，Zipcar有一个口号，叫做"你身边的轮子"，强调无论用户在哪儿，步行7分钟就能开上想要的车。而在"取车"时，会员到达车辆停放地点，在车子挡风玻璃后的接收器前刷一下会员卡，车子就会自动开锁并发动引擎，车子的钥匙与预付好的加油卡都放在车内。用完车后，会员再把车子停回原处，再在读卡器前晃一下会员卡就算完成还车手续。整个体验旅程很是流畅，让客户赞赏不已。这样的体验旅程最终使得客户肯定：租车只选Zipcar，方便快捷，感觉舒服。这便是"客户一位"。

体验笔记

第八章
客户体验（二）体验旅程

香港中环理发店 FIFTH

虽说网络的发展迅猛无比，许多线下零售店也纷纷搬到线上开展抢夺客户之战，但仍有不少行业，客户所需要的互联网是无法提供的，比如理发服务。理发店可以说是早期平台，连接用户和发型师。理发店提供场地和设备，让发型师发挥个人技术替客户塑造不同的形象。而在整个理发的体验旅程中，最关键的触点就是用户与发型师的关系。客户只要找到合适的发型师，那基本发型师到哪儿，客户就到哪儿，关系就是这么简单。

香港中环一家高端理发店 Fifth，在基础的体验旅程上做了一些特别的体验设计。用户一进门，便会看到潮流饰物的售卖，继而就是一张吧台，没一点理发店的感觉，反而更像一家特色小店。最特别的触点是，Fifth 竟然供应192ml 的可口可乐（Coca-Cola）玻璃瓶装！这是可乐系列当中口感最好的包装，给客户带来惊喜！Fifth 的这些小心思，无疑加深了用户对理发店品牌的体验，但关键触点始终是发型师。美国心理学家爱德华·桑代克（Edward Thorndike）在1920年提出"光环效应"（Halo Effect），认为用户对事物的认知和判断往往只从局部出发，扩散成为整体印象。所以，企业在关键触点下功夫，对整个旅程的体验都有正面作用。

📝 **体验笔记**

卫生纸体验

每一个人每一天最起码去洗手间一次,这个是必须的体验。因为习惯了,所以就理所当然。洗手间的很多触点,用户很少会注意。

如果是公共洗手间,用户最关心的,就是是否需要排队。如果要排队,那么要等多久才能解决?另一个关心的,当然就是马桶的卫生程度。如果马桶上有污渍,这是最恶心的一幕,正常人都马上走为上计。如果这关都过了,最后就是卫生纸的供应。没纸巾,"色即是空"。家里的洗手间,一般不会出现这些惊恐的情景。但就算一切尽在掌握中,也不等于没问题。卫生纸的摆放,应该是朝里还是朝外?这个毫不起眼的触点,原来已经辩论了几十年!卫生纸企业,也从没解释过到底谁是谁非。反而100多年前,卫生纸安装器发明者,分享了正确的使用方法。

很多时候,用户就是不明不白地在使用一些产品。而这些不明所以,有些是用户的无知,而更多则是企业的忽悠。只有在乎客户体验的企业,才会给用户走向品牌的理由。例如,设计问卷,通过社交媒体分享,对用户进行朝里朝外的心理测验,就是其中一个玩法(可以是社交媒体分享+朝里朝外的心理测验)。

体验笔记

广州咖啡店 MATE MATE CAFE

星巴克是咖啡店中的代表。星巴克 CEO 霍华德·舒尔茨（Howard Schultz）说，"星巴克不是靠咖啡做人的生意，而是靠人做咖啡的生意。"所以，星巴克卖的不是咖啡，而是体验。

位于广州的 Mate Mate Cafe，同样也是从体验方向设计整个体验旅程。大概粉色是2017春夏的流行色彩之一，所以整家咖啡店的主题色也以粉色为主，比如外墙、地板、碗、杯子、小盆栽、小饰物、桌椅等。在整个客户体验旅程，贯彻了一致粉色的设计，强化了客户对咖啡店的粉色体验。为了让客户在旅程中有难忘的亮点，某些触点的设计也别出心裁。女生在喝东西之前都有擦一下口红的习惯，而 Mate Mate 的自制纸巾就温馨提示了"kiss here"，即在正方形的纸巾中间留了一块可以印唇印的区域。原来，咖啡店要与客户建立不一样的关系，卖的就不再只是单纯的咖啡，而是一种体验。

体验笔记

开发票

开发票，一直是一个必要却又相当麻烦的过程，特别在用餐后，一伙人想要一起离开的时候，却因为发票内容繁多，不得不痛苦等待，让人烦厌。

于是微信的小程序推出了微信发票助手，解决了这个痛点。客户只需扫描收银台的二维码提交发票信息，便能"闪开"发票，省却客户的时间成本，带来前所未有的好体验。所以，将数码融入体验旅程，很多时候，客户体验都能得以优化。但把触点数码化，亦即成为低接触体验，是否就一定与好体验划等号呢？

其实在设计体验旅程的时候，哪一些触点应该是高接触，哪一些属于低接触，需要视客户的参与能否提升其体验来定。即便客户积极参与开发票的全过程，希望与企业实现价值共创（value co-creation, VCC），最后却会发现是小题大做。因此，高接触通常有两种情况：初体验和高档次。初体验的客户会对体验内容感到陌生，需要通过高触点来协助了解情况，评估方案是否可以实现工作目的。当然，有些DIY的用户，不一定需要高接触。而高档次的体验，用户通常会要求贴心的人性服务，所以高接触就更能满足客户期望。

体验笔记

第八章
客户体验（二）体验旅程

在线答疑平台 SNAPASK

上学、读书、考试，其实是人生中最愉快的时光，但对于还在就读的学生来说，可能是一个度日如年的过程。特别在东南亚地区，教育方式都是比较单向的填鸭式，读书也只不过是为了分数，造成学生的学习态度倾向被动，所以就算不懂也不发问，宁愿事后通过补习等方法解决课上理解不了的问题。但这样的资源和渠道也不是随时随地接触得到，所以答疑平台 Snapask 就应运而生了。这款在线答疑平台，实现了随时随地答疑，学生遇上难题时，在10秒内便能得到回应，激发出学生对学习的兴趣。Snapask 这种教育 + 人工智能（artificial intelligence, AI）的模式颠覆了传统补习的体验旅程。学生不再需要在特定的时间、实体的空间，向单一的老师获取有限的辅导。Snapask 重新设计了体验旅程，改变了时空，让知识的传递和交流都在指尖上，更好更快捷地帮助学生达到了其学习目的。

体验笔记

猫（天猫）狗（京东）大战

在中国电商平台领域，"猫（天猫）狗（京东）大战"十年如一日。双方从"双十一"打到"6.18"，在价格、商品以及物流上你来我往，激烈交手。但决定胜负的关键还是用户的购物体验。只有比对手设计出更好的客户体验，才能让用户流连忘返。而这正是电商平台所关心的，因为用户逗留的时间越长，购买的机率就越高。

智能手机的普及，使客户更愿意通过移动端口浏览电商店铺，发挥剁手威力。就一个小窗口，体验设计会如何的不一样？其实，体验旅程是由一个个从起点到终点（end to end）的触点组成。电商也只不过是线上的店铺，跟线下实体店的运营模式其实没有太大的区别。所以，企业只要换位思考，从客户角度设计体验旅程，便会发现，电商的体验旅程也可以是 OMO（Online merges with Offline）。

客户去电商平台购物，一是有意向的直达习惯的店铺进行购物，二是通过平台搜索关键词到各商店比价，三是在平台闲逛看到吸引人的页面广告点击到达店铺选购。这些体验旅程，都发生在站内，是在客户有意向购物时发生的。而在这之前，可能是线下的户外广告，或者是站外的网页广告，又或是网红的直播等，吸引了用户拜访店铺。企业从用户角度出发，用点到点的方法设计体验旅程，便是实现"客户一位"的基础。

体验笔记

电影万花筒

虽然手机可以让用户随时随地看电影,但在电影院看电影和通过小屏幕看电影是两码事。电影院带来的是大屏幕、杜比环绕立体声、爆米花配可乐以及一起笑一起哭的众乐乐体验。小屏幕,虽然比不上电影院的震撼,但能满足追求独乐乐的用户。但看电影的观众岂止两种人。一样米养百样人,满足不同用户观影需求的电影院便应运而生。

在中国大陆,有人期望在没有熊孩子和不停讲话的无礼观众的环境中观影,于是包间式的影院出现了;有人受够了电影院内"一山更比一山高"的前排观众,于是躺着看的电影院出现了;有人错过了档期内的电影,或是希望在更好的音效环境下一睹老片的风采,于是点播式的影院出现了;有人将电影视为社交的手段,于是情侣和家庭式影院出现了,提供求婚服务的电影院也出现了;有人对众乐乐的观影体验提出了更高的期望,于是弹幕式电影出现了。

体验如水,水无常形。如果企业用一种方法来取悦所有用户,最终会走进死胡同,也背弃了"客户一位"的精神。

体验笔记

小巴叫停

香港有一种交通工具,叫小巴,就是小型巴士的代称。这种小巴的特性,在大巴与出租车之间。它既有大巴那样的固定的路线,又可以像出租车那样随处载乘客。小巴的载客量一般在14人,不容许乘客站立在车内,所以为安全起见,满了就不再接载乘客。

由于路线固定但上下车随意,乘客如果要下车,便要提前大叫,通知司机。这个大叫,有些时候,对于一些害羞的小孩或者优雅的女士会比较尴尬。而解决这个痛点的方法,就是安装按铃,乘客便通过这个按铃解决尴尬问题,虽然问题解决了,但却没有了本来随意上下车的特点。所以两全其美的方案,就是按铃和呼叫同时存在。至于执行,就需要靠经验老到的司机了。

体验笔记

杭州甘其食

甘其食，杭州家喻户晓的包子品牌，在客户体验上打造了"包子传说"。首先，甘其食满足了客户购买时"快"的体验。甘其食创始人童启华说："我们希望客户饿的时候，无论朝东西南北哪个方向走15分钟，都能买到我们的包子。"而甘其食在沪杭两地数量众多的连锁店，保证了客户很快就能找到。而且，甘其食对员工进行了严苛的培训，保证制作过程够好够快。

据统计，平均每个客户买到包子所需的时间仅为13秒。"尽快把包子递给客户，就是对客户的尊重"，"快"给客户一种非凡的体验。重要的是，甘其食同时满足了客户吃包子时"好"的体验。甘其食对选材与制作工艺极其讲究，挑选现代农场为供货商，由专业营养师搭配馅料，制作标准化，过程事无巨细。在甘其食，超过两小时没卖出的包子就得报废扔掉，因为口味会发生变化，甘其食总是希望给客户吃到最好状态的包子。

体验旅程中的两个关键触点方便购买和正式享用，甘其食都设计得当，也是其成为包子传说的原因。

体验笔记

铜锣湾时代广场（TIMES SQUARE）

铜锣湾时代广场（Times Square）是香港大型购物中心，常常人山人海，所以停车场几乎一年四季都是停满状态。泊车的体验旅程一般有以下几个触点：停车场入口检查剩余车位数量、便道等候进入停车场、闸前领取车票、查看可泊车位提示、找停车位泊车、领取购物小票、车场付费处排队等。这些都是比较明显的泊车触点，当然还有其他，但就这个旅程为例，开车一族已经面对不少痛点。

第一个是，车主取车票的时候，如果技术不好，车辆就没法靠近打卡机，那车主就得先松掉安全带然后爬出车外才能按键取出车票，情况之狼狈，只有车主才能体会。第二个是，到付费处找小票享受免费泊车，但小票永远在这个时候消失，然后排队的人展示出不耐烦的表情，此时就会非常尴尬。

重视"客户一位"的企业，都会积极解决用户痛点。商场其实可以利用物联网（Internet of Things, IoT）优化泊车体验，智能手机都有全球定位系统（Global Positioning System, GPS），车主进入停车场后，商场的 App 就会自动记录登入时间和车位编号，而所有的商场消费也因移动支付而有存根，到离开的时候，数据就能准确断定车主是否需要支付停车费用。这可能是天方夜谭，但只要有梦想，凡事可成真，这也是体验创新的基本条件。

 体验笔记

第九章　客户体验

（三）体验创新

体验曲线
让企业盈利恒丰的 365 个体验
EXPERIENCE WAVE

神秘感

人总是对神秘的事物抱有莫大的兴趣。广告大师凯文·罗伯茨（Kevin Roberts）认为，神秘感是最能引人入胜的。大部分的广告宣传都倾向于铺天盖地，力求众人皆知，但实际上，用户对于具有神秘感的体验更加感兴趣。比如电影《科洛弗档案》，就很好地应用了神秘感，创造了低成本高票房的奇迹。影片发布预告片之前没有泄露任何风声，发布之后也没人知道它是干什么的。甚至在纽约、洛杉矶拍摄时用了不同的假名，连影片的片名都故作保密，只放出了"1-18-08"这一个上映日期作为代号。多重神秘感的设计，最后的结果就是，勾起了观众和媒体的极大好奇和兴趣，影片上映后票房异常火爆！人往往对神秘的事物充满天马行空的幻想，充满神秘感便是给予用户独特体验的方式。体验，不一定要颠覆传统，能够了解客户的需求，将传统的东西稍微创新，也能得到意想不到的收获。

体验笔记

吸管体验

吸管,一个毫不起眼的工具,但在用户喝汽水的时候,便派上了大用场。可惜在短短的一瞬间,当汽水被喝掉,吸管也随之被扔掉。一些冷知识的大咖,出于环保意识废物利用,发明出很多利用吸管简化生活的小技巧,这些视频在各大社交平台都有分享。吸管原来不只是吸管,只要愿意跳出框框,吸管便能发挥更大的价值。其中一个利用方式,就是吸管玫瑰花和吸管星星,这些小玩意虽然没有实际意义,但对于小情侣来说,却能协助男生打动女生的芳心,促进彼此感情。

对于企业而言,吸管还可以给用户带来什么不一样的体验?有些企业会做出不同形状或者不同颜色的吸管。匈牙利一家公司,就把本来空洞的吸管,装满了不同味道的迷你珍珠。这个吸管不只有饮用的功能,还丰富了饮料的味道,更给吸食添加了一点乐趣。

吸管不是刚需,但经过创新,却能创造出无限可能。很多时候,与其在红海完善刚需,不如细心观察周围,说不定会发现处处商机。

体验笔记

电梯体验

电梯是一项伟大的发明，因为它改变了时空！以前从地下到较高的楼层，只能靠爬楼梯，在低层上楼梯确实没什么问题，但是一直上到高层，确是累得一步一擂台！但电梯，却瞬间改变了这种情况。

电梯，颠覆了房子的建造规律：从以前横向扩张的平房，到现在冲上云霄的高楼，乘载的其实不只是电梯里的十几甚至二十个人，而是一层层的用户。电梯的设计，也从过去非用户导向的按键式，改进成后来一键即达的智能分配系统。电梯也开始提供更多附加值，从简单的照镜子，到单向的即时信息，到互动的电子屏，许多商业价值也在电梯里面生成。

一些企业发现用户在坐电梯时会比较"无聊"，面对电梯内部四周的"铜墙铁壁"，总是不知道该把目光放在哪里。于是，企业便开始在电梯里面提供一些很有趣味的广告海报，甚至是电子屏幕，播放着结合广告内容的趣味视频。这样，用户在坐电梯时便会把注意力集中在企业的广告上面，既解决了用户乘坐电梯的无聊感，又大大提高了企业的广告效用。

体验笔记

街招体验

不管互联网如何充斥世界，只要人类仍需与实物互动，那线下的一切沟通就还是有必要的。至于是否能引起用户关注，则视乎创意。如果企业依靠过去的成功，选择原地踏步，在体验设计上缺乏创意，其实无异于温水煮蛙，最终只会被淘汰。

管理之父彼得·德鲁克就说："市场营销和创新，是企业的两个功能。"所以，创新是企业必须要做好的工作，尤其是竞争对手不断推陈出新，用户的期望不断提高。创新，并不一定要颠覆，但却要针对用户的痛点和乐点。为了创新而创新，只会是一刹那光辉，并不代表永恒。很多时候，小改变，反而让人刮目相看。就街招（就是张贴于大街小巷的小广告）而言，虽然现在的吸睛度低处未见低，也被大部分人遗弃，但如果愿意花点心思，也能换来线上刷屏的效果。所以，企业做体验创新，可以从小的触点入手。

体验笔记

内容营销

内容营销，传统的做法是利用 FABE 这个营销手法来协助客户作出购买的决定。FABE 是特点（Features）、优势（Advantages）、效益（Benefits）、证据（Evidence）的缩写。简单举例，iPhone5 的特点是轻巧，轻巧的优势是携带方便，对用户的效益就是手感特好，证据就是尽管推出 iPhoneX，但 iPhone5 依然有市场。企业只要运用 FABE 到位，是能够促成销售的。但 FABE 依然围绕着产品本身的价值做卖点，这就很容易会跌入红海的陷阱。所以，企业需要跳出 FABE 的框框，从客户体验出发，设计出不一样的内容营销。在2015上映的《蚁人》，香港便设计出"细"不可挡的口号（在粤语里细和势同音）！蚁人，是复仇者联盟中最小的一位英雄，但他的威力，绝对不比其他英雄逊色。口号用了"细"不可挡，语带双关，让读者通过文字体验来领悟蚁人的与众不同。这种体验设计，对比 FABE，很明显更能与用户产生思想上的互动。

体验笔记

第九章
客户体验（三）体验创新

美国纽约苏豪（SOHO）

在很普通的地方，针对一些小的触点，企业也可以进行体验创新的设计，比如男厕所里的小便池。一般来说，用户上厕所只是解决生理需求，但只要在小便池上设计一些小玩意，小解也可以变成一种乐趣。

在美国纽约苏豪（SOHO）的酒吧区，为了使男用户在小便时不致于目标不明确，酒吧将苍蝇贴纸贴在小便斗中，利于瞄准。男用户为了展示其技术的出神入化，便誓要命中靶心，用户在小便之余还会有一种额外的游戏满足感。游戏基本是老少咸宜，与其凡事认真，不如适时游戏人生。在小便池上的创新设计成为用户与朋友交流时的话题之一，在宣传上也起到一定的作用。

《周易》里有一句话，"穷则变，变则通，通则久"，意在事物达到了极限就要进行变通。但体验，永远不要等到了极限才开始创新，因为那时候，已经太迟了！

✒ 体验笔记

宜家家居

AR 是一个技术。很多企业还在摸索 AR 到底可以如何使用,而 IKEA,已经利用 AR 提供了更好的客户体验。过去客户搬新家买家具,必要做的一件事就是去度量空间大小,以便选择家具。一来一往,要花的时间不少。最坏情况是买了家具,才发现安放不进去。IKEA 明白了客户的这个痛点,也理解到 AR 是解决这个痛点的方案,便做出 App,方便客户更好地选择家具。体验创新,是推动企业向前的关键元素,而创新得当,会强化用户与企业的黏度。这个 App,实际在解决客户一个存在已久的问题,只是用了更有效率的方法。

体验笔记

ZARA

在一般人看来,追求时尚似乎只能是有钱人的专利,那平民就只能土里土气、与时尚绝缘吗?ZARA,世界著名快消服装品牌,独辟蹊径地开创了快速时尚模式,让平民也能体验时尚。

ZARA从客户的"目的"出发,捕捉到客户不想花大钱又想追求流行的心理和需求,生产出"中低价位却拥有中高质量"的流行服装,让低价服装也像高价服装一样入时好看,打破了客户"追求时尚就得倾家荡产"的传统观念。而且ZARA注重跟踪并撷取最新的潮流趋势与设计理念,进而仿效高时髦感的时尚单品,基本每隔三周就全面性地汰旧换新,让客户于无形中建立起ZARA随时都有低价又时髦服装的重要形象。当然,这种模式得依靠于其高速度、多品种、制售一体的效率化经营,这不仅能降低生产成本,而且缩减了时装的更新周期,使得高质、时尚、低价成为可能,也给客户带来花小钱也能追时尚、跟潮流的创新体验。

体验笔记

保卫地球

地球病了，因为人类贪图个人方便，肆意浪费自然资源和损害地球生态。近年的气候变化，没有最坏，只有更坏。所以，社会上有一群保卫地球的环保战士，一直在推动绿色生活。目前很多家用产品，只要仔细阅读制作成分，便发现有80%的成分是水分，也因为这样，生态链里存在很多浪费，比如为了运送这些家居用品到世界各地，产生了额外的包装、额外的燃油、额外的污染。

荷兰设计师 Mirjam de Bruijn 提出了一个体验创新的方法，哪怕改变不了用户的习惯，也希望唤醒市场对环保的关注。解决方法就是把水分变成固体，这样不只能够节省运送空间，而且也降低了对地球的损害。这个固体怎么操作？打个比方，用户拿到洗发水的固体后，只要加上水，便能使用。体验创新，不一定要进行大规模的市场调研，经过精密的分析，其实很多时候，从最基础着手颠覆痛点，也可以得到用户的垂青。

体验笔记

失明男孩

一个失明的男孩坐在路边,身边摆放着一个告示牌,上面写着:"我是个盲人,请帮帮我"。但是路人走过,也就几人会施舍。一个女人经过,拿起告示牌把它翻转过来写了一些字,放回告示牌,便离开。之后,越来越多的路人愿意给失明的男孩施舍金钱。午后,改写告示牌的女人回来看情况。男孩认出了她的脚步,并问:"您是不是今天早上改写我的告示牌的人?您写了什么?"女人说:"我只是写真相。我说了你原本的意思,但用的是另一种说法。"其实,她写的是:"今天是美好的一天,但我却不能看见。"这是一个国外的短片,但传递的信息,就是很深刻的启示。第一个告示和第二个告示都是告诉别人男孩失明了,但修改后的告示牌,就发挥了作用。原因就在于出发点,需要帮忙的盲人,路人大概一天能遇上很多,所以很难勾起路人的同理心,进而做出施舍的动作。但是,"美好的一天"这五个字,唤醒了路人的同情心,也因此,给了路人动力去协助失明的孩子获得重见光明的机会。这个盲人男孩的故事,同样适用于企业的体验创新。企业只要多从用户的角度去创造价值,而不是光展示产品功能上的优点,就能给客户出众的体验。

体验笔记

星巴克（STARBUCKS）

咖啡很大程度上是感性的文化层次上的消费，文化的沟通需要咖啡店所营造的环境文化来感染顾客，并形成良好的互动体验。

星巴克秉承着这样一种信念，与天猫旗舰店合作了"线上工坊"，将单纯的线下咖啡销售和咖啡店环境体验扩展到线上的 AR 体验之旅。通过 AR 技术，客户可以看到咖啡烘焙设备、冲泡器具等，有一种身临其境的感觉，感受到了美好的体验旅程。此外，星巴克美国公司在其移动应用 My Starbucks 里推出了一项新的语音助手功能，以方便用户通过语音点单和支付。星巴克通过技术创新给客户的点餐带来了便捷，这样不断为客户体验着想的企业怎么会不成功？

体验笔记

第九章 客户体验（三）体验创新

迪士尼（The Walt Disney Company）

迪士尼，作为美国一家多元化媒体集团，陪伴了不少人的成长。

我们从小到大，无论是电影动画，还是书包手表，都能看到迪士尼人物的身影。这些经典的人物形象为何能够传播如此广泛并且经久不衰？这是因为迪士尼通过一次次的体验创新，给用户的期望值带来了冲击。在米老鼠（Mickey Mouse）和唐老鸭（Donald Duck）一系列动画热映之后，便有了各种公仔玩偶出售，陪儿童玩耍，此外还引申到了许多相关的产品上，比如米奇书包。最重要的是，迪士尼为了给"小用户们"（儿童）创造更好的体验，在全球范围内建立了数个迪士尼乐园（Disneyland Park），这成为儿童们游乐的天堂！迪士尼做的，不是卖电影，而是将电影人物引申到其他产品，这种创新慢慢地变成了一种新的独特的体验，更加吸引客户，讨人欢喜。

在2009年，迪士尼跟乐高（Lego）合作，进一步让角色产品化。

体验笔记

跑鞋品牌 NEW BALANCE

New Balance，即 NB，美国著名的马拉松之城波士顿的跑鞋品牌，在美国及许多国家被誉为"总统慢跑鞋""慢跑鞋之王"。New balance 自创立以来，始终致力于创造舒适的慢跑鞋，从高科技的功能材质出发，并不断创新鞋型，将鞋型分为窄型、标准型、宽型，满足了不同客户的要求，增强了客户的舒适度体验，让每一个穿着的人最大程度地适脚。除此之外，NB 不与运动明星签约，NB 的目标客户是大部分普通消费者，所以选择将费用投入在产品的研发和技术创新上，给客户带来创新型的舒适度体验，他们相信"鞋子就是最好的代言人"。从体验着手，不断更新客户体验，就是 NB 能够经历一百多年风雨，在众多鞋子品牌中屹立不倒、经久不衰的原因。

体验笔记

科勒（KOHLER）

科勒，全球著名卫浴橱柜品牌，推出了智能厨卫系列 Konnect，通过亚马逊语音助手 Alexa、Google 智能助手 Assistant 以及苹果智能家居系统 HomeKit 提供的技术支持，这个系列的淋浴器、浴缸、抽水马桶、镜子及水龙头都具备声控或感应功能。

科勒为客户勾勒了一个智能的未来：双手抱着婴儿的父亲说一句"Pour eight ounces（倒8盎司水）"，水龙头就能喷出相应的水量；只需发出"Alexa, turn lights to 100%（Alexa，把灯光调亮到100%）"的声音指令，镜子的 LED 光带就会自动切换到最亮的模式；淋浴系统的水温、水压、蒸汽、灯光与背景音乐均能利用声控技术调节；智能马桶在有人靠近时会自动启动暖脚设备并加热坐垫……而不同家庭成员对所有厨卫设备的使用偏好，均可通过科勒 Konnect 的 App 设置。用科技创新体验，是科勒对智能生活的理解，在这个系列中，声音和传感器代替了双手，给客户带来了一种前所未有的科技体验。物联网（Internet of things, IoT），让用户的生活省心省力，降低客户的费力度，是好体验的关键。

体验笔记

255 体验曲线
让企业盈利恒丰的 365 个体验
EXPERIENCE WAVE

任天堂

动手组装的模型和电子屏幕上的游戏，这两者似乎风马牛不相及，而任天堂，全球知名的电子游戏产业巨头，却"异想天开"地把两者结合起来，为 Switch（任天堂第九代游戏机）打造了新产品——Nintendo Labo。这套可以将瓦楞纸组装的模型融入游戏中，变成可动玩具的外设产品，为玩家提供"结合了 DIY 和 Switch 魔法的全新建造—游戏体验"。

Labo 中包含25块瓦楞纸板、若干线绳、橡皮筋和一盒卡带，玩家可将卡带插进 Switch，根据组装说明书式的指示，将纸板制作成不同的模型。这套模型包括赛车、钓竿、房子、钢琴等，被任天堂称为"Toy-Con"。与可拆卸的 Switch "Joy-Con"摇杆（摇杆本身具备体感、HD 震动的反馈功能、红外相机）结合后，玩家便可通过操纵纸模实现游戏中的行动。Labo 作为和游戏结合的互动实体玩具，发挥了体感游戏的优点，让玩家背上纸箱进行模拟和想象，配合游戏中的动作，有种回到童年的淳朴感，既好玩又怀旧，是游戏在现实与虚拟间互动结合的一种创新体验。

体验笔记

第九章
客户体验（三）体验创新

二维码

二维码（QR Code，QR 全称 Quick Response）其实并不是新产品，事实上，这个触点历史悠久。但二维码能给用户带来全新的体验，要给微信记一功。

在以前，用户需要一个扫描器，对着二维码扫一下，就可以看到二维码背后存有的信息。本来整个设计就已经带点神秘感，不难勾起用户的好奇心，扫描器又不是随身携带，就算用户想窥探二维码的真身，过程中也困难重重。虽然 App Store 有扫描器的应用程序下载，但下载后要重新启动手机，依然是不方便。直到微信出现，才改变了用户使用二维码的习惯。微信作为一个移动沟通平台，为了丰富用户的使用体验，充分掌握了移动的触屏特色，把本来需要扫描才能发挥价值的二维码，设计成为长按就能启动。移动设备＋二维码＋长按，自此成了必杀技！用户只需要简简单单的几部操作，就可以得到许多自己想要的信息。好的体验设计，并不需要翻天覆地的改变。二维码的案例，关键在于如何协助用户更方便地生活。从麻烦的用扫描器扫描，到简单的长按即可识别，都是按照用户怎样使用手机的习惯来设计的。体验设计，就是以人为本。

体验笔记

257

体验曲线
让企业盈利恒丰的 365 个体验
EXPERIENCE WAVE

地铁急救

香港是一个人口密度非常大的城市，虽然交通相对发达，但大部分市民都会选用港铁（Mass Transit Railway, MTR）代步，因为时间就是金钱。MTR 作为香港最大的铁路运输系统，在上下班高峰，人流大、空气差，乘客就会容易恶心、不适，甚至因拥挤而受伤。为协助身体不适的乘客，MTR 于每周一至五的繁忙时间（早上7：30-9：30以及下午5：30-7：30）在四个中转站设立"乘客不适支援点"，给需要支援的乘客适当的帮助。但这个设计是有限期的，目的就是测试这个支援点能否解决每当有乘客在车厢内不适而按紧急按钮时，车次就会延误的这个痛点。

任何创新，其实都不可能一步到位，所以就出现了最小化可行产品的概念。MVP 就是鼓励企业基于一个新想法快速地打造一个最简单的产品原型，然后立刻将这个原型推向市场。由于现在各种社交平台的火爆，用户之间的信息传递非常快，企业可以很快得到关于产品原型的反馈，以此来验证想法是否有市场。创新，原来是艺术，也是科学。

体验笔记

无人超市

2015年，华润万家Vango便利店与征信机构芝麻信用联合推出了"无人超市"，就是24×7的不设收银员、全自助式服务。付款可用现金，也可以通过支付宝转账，少付甚至不付钱都可以。有人开玩笑说就不怕超市被搬空吗？事实上，结果超出很多人的预料。大部分客户选择了诚信付款，而付款率达到了82%。虽然82%不等于100%，但对于实验来说，这是一个很感人的结果。

时光转移至2017年，上海出现了另一家名为"缤果盒子"（BingoBox）的无人收银便利店，更号称全球第一款可规模化复制的24小时无人值守便利店，比亚马逊的AmazonGo要更有格调！从无人超市便能看到市场是不停在变的。芝麻信用针对的是B2C市场，主要依靠阿里巴巴和华润的实力打造这个领域，但缤果盒子做的就是平台，邀请更多有兴趣的创业者参与无人超市这个行列，使之变成了一个B2B的市场。这个体验的创新，已经上升至商业模式的设计。穷则变、变则通、通则久，就是创新之道。

体验笔记

短信触点

自从移动互联网出现后,企业与客户的接触渠道,比传统的线下渠道多很多。就一部手机,企业已经可以通过电子邮件营销、短信营销、消息推送等不同方式与客户接触。

移动营销(mobile marketing)一般是依靠内容吸引用户点击,手法大多是这种:"万达百货"24日新年 VIP 内购会!现金35元当100元,周大福黄金每克减30元,欧珀莱满200元减40元,耐克、阿迪5折,百丽、衣恋系4.5折,回 T 退订。这类字数有限制的文案,就算出自顶级段子手,也有可能被客户忽略。最有效的触点应该是在对的时间和对的地点用对的内容针对对的客户。

SoLoMo(即 Social + Local + Mobile)这个营销模式便能协助企业实现这个要求。SoLoMo 能让企业更有效地定位客户,并且用社会化的方式来与客户交流,当客户做出购买决定的时候,又可以马上让他们付钱。早在2011年,康师傅的"鲜享新味"报到赢赠饮活动就是 SoLoMo 的成功案例。所以,企业要不断创新体验,才能做到"客户一位"。

体验笔记

支付宝集福卡

春节是中国人最喜庆的节日，而"福"一直是春节的必用词。支付宝基于用户对福字的钟爱便设计了集福卡活动。活动的玩法是：市民利用支付宝自带的AR扫一扫功能扫描现实中的"福"字，就可以随机获得虚拟的"福卡"，集齐"爱国福""敬业福""富强福""友善福"以及"和谐福"这五张福卡，便可以在全国范围内与其他集齐者平分2亿现金！

这一活动在国内掀起了一大波集福卡热潮，人们在街上、在家里看到"福"字都要拿起手机打开支付宝扫一扫。另外，"福卡"是可以交换的，用户可以将多余的福卡送给好友，也可以向好友讨要缺的福卡，这对用户来说是一次很有趣味性和互动性的创新性体验。一夜间，大批的社交关系链大量流向支付宝。在淘宝上，甚至有卖家出售福卡！这一创新玩法，成为了支付宝"收割"关系链的核武器。在用户满足于这种创新性体验的同时，支付宝也赢得了一大批用户！

体验笔记

体验曲线
让企业盈利恒丰的 365 个体验
EXPERIENCE WAVE

261

潮汐 APP

在这个信息爆炸的时代,用户的注意力总被某些乱七八糟的信息牵着走,注意力成了这个时代最稀缺的资源。

风靡几十个国家 App Store 排行榜的"潮汐"是一款特别的"专注+白噪音"的产品。在不同的环境里,一些环境声音(比如雨声、咖啡厅)会让人更沉浸,"潮汐"就是根据这一点极具创意地将计时器与白噪声完美结合,来提高用户的专注程度。白噪声并不是噪音,而是一种实用的工具,它是诸如雨声、水声、鸟叫等不会让人特别关注的环境音,很多时候能够让人宁静和专注。

潮汐 App 抓住了快时代用户难以安静下来的特性,以"白噪音+专注"的创新方式带给用户十分特别而又实在的体验。创新,很多时候真的可以返璞归真。达·芬奇被称为数百年来的天才,他提出大自然就是创意之源。现在的数码产品让许多用户成为了低头族,忽略了很多身边的事物,错过很多更能让人体验的体验。其实,最难忘的体验,莫过于真实的生活(in real life, IRL)。

体验笔记

第九章
客户体验（三）体验创新

平安夜苹果

普通的一个苹果，价值就是其营养成分，国外的一句话更肯定了苹果对健康的价值，"一日一苹果，医生远离我。"一些果农会引进国外如日本富士苹果，基于用户大都有"外国的月亮比较圆"的心态，便以更高的价格售卖给用户。

普通的苹果销售，都是以产品本身的价值或者产地为卖点卖给客户，对于平常不吃水果的人来说，还是难以奏效。但平安夜，就是圣诞节的前夕，给了了商家面向整个市场的机会。平安的平与苹果的苹同音，商家只要赋予普通的苹果这个特别的意思，"吃苹果享平安"，再配合一个充满圣诞气氛的包装，苹果便不再是一个普通的苹果。用户为了应节，就算自己不吃苹果，也可以买一个来送礼。体验创新，并不需要大改变，很多时候，小改善也可以赢取客户。

体验笔记

海尔

创新，有时候并非要完全颠覆，针对客户旅程中的某个触点、针对客户的某些新需求的改良，也是一种创新。

海尔，全球大型家电品牌，在21世纪初曾针对美国市场生产了一款带有可抽拉木板的小冰箱。当时美国经销商反映小冰箱供不应求，海尔通过调查了解到美国学生住的房子非常狭窄，而海尔的小冰箱上面像桌面一样，学生就常把冰箱面当小桌子用。于是海尔决定在小冰箱上加上可折叠的台面和可抽拉的板，使得冰箱上也能放电脑，这个小冰箱和电脑桌面合二为一的功能满足了学生既要冰箱保存食物又要桌面做功课的目的，而且节约空间，可谓别出心裁，一举多得。

创新，有时不是全新产品的横空出世或者传统模式的颠覆，从客户角度出发不断去满足他们新的需求，去改良自己产品，改善客户体验，也是一种重大的创新。

体验笔记

第九章
客户体验（三）体验创新

香港星展银行

在传统的认知里，买房是件繁琐复杂的事，需要到处找寻适合条件的楼盘，还要亲自看房感受，到决定要买时按揭手续又麻烦，整个流程耗费不少时间和精力。

香港星展银行（DBS）针对这一痛点，推出了银行业首个虚拟实景（VR）楼盘 App：DBS Home 360，以科技颠覆"置业"的必经流程。星展银行的这款 App 将自身作为银行的金融功能与楼盘数据整合到手机应用程序上，能在 App 上为用户搜寻适合其财务状况的楼盘，并提供360° 虚拟实景和互动 VR 体验，使用户足不出户即可找房、看房。同时，App 还设有置业计算机，可以帮助用户计算每月还款额及一次性费用，并且有即时按揭评估和物业估值服务。

DBS 推出的这款 App，创新性地通过移动应用程序，依托自身银行业务，将找房、看房到买房的过程整合，从以往的四处奔走到如今一键即达，给用户省去繁琐的过程，带来舒心便捷的找房看房体验，可谓是适应技术发展趋势与客户需求的一大创新。

📝 体验笔记

体验曲线
让企业盈利恒丰的 365 个体验
EXPERIENCE WAVE

维他奶

香港家喻户晓的纸包装饮料品牌"维他奶",学习了可口可乐易拉罐的做法,在包装上印刷了香港本地俚语,借此吸引客户的眼球。本来平凡的包装触点,经过设计,便有了不一样的体验。除了用本地俚语如 add oil(意即加油)外,维他奶还把一个个英文单词印刷在纸包装上面。这个特别的包装,让用户可以把不同的英文单词自由组合,拼出想要跟对方说的话,比如客户购买8盒维他奶,便能拼出 I-L-O-V-E-Y-O-U 向心仪对象表白。其实,文字本身只是沟通的元素,只要花点心思,简单的文字也能做出创新体验,让客户耳目一新,留下深刻的印象。企业,只有愿意多从客户体验出发,强化体验思维,才可能从平凡处创出不平凡。

体验笔记

第十章 员工体验

入 门

企业其实是什么？

企业其实是什么？最简单的理解，企业是一个平台，集合了一群负责创造价值的员工，为合适的客户带来所需的价值。而这个平台能否持续，就要看创造价值的员工是否真的能够创造价值。这，其实就是员工"接地气"。所谓员工接地气，实际上就是员工"靠谱"，能够自觉发现问题和解决问题，为企业着想，并且创造价值。而企业要做的，就是在员工体验旅程中协助员工做到接地气。企业的大小不同，对接地气也会有不同的定义。

在不同的员工体验旅程，也就是生命周期，如何做到接地气也不一样。大企业一般管理规范，而小企业则比较灵活。员工刚进入一个新环境，就要融入那个环境，融入了环境就接地气。而对于已经入职一段时间的员工来说，接地气就是能有效解决实际问题。企业要协助员工做到接地气，其实就四个字：换位思考。多站在员工的角度看待工作以及企业面临的问题，从而设计员工旅程和相应的培训内容即可。企业需要的，不是纸上谈兵的员工，而是能够驰骋疆场的员工，协助员工做到接地气，其实就是在壮大企业自己。

体验笔记

盈利恒丰

员工分类有很多种,而其中一种便是将员工分为三类。第一类员工只在乎每月收到的工资,视财如命,只要另一家公司给更高的工资,就马上选择跳槽。第二类员工更多的是关心企业名气,觉得能成为名牌的一分子,就是一种身份象征,高人一等。第三类员工具有使命感,只要企业的价值观与自己的一致,就会追随到底。

一家以盈利恒丰为结果的企业,自然希望每一位员工都是第三类,但水至清则无鱼,对于企业来说,也不是最佳方案。其实,企业对于不同类型的员工也可以设计出不同的员工体验,继而使员工产出最大化。比如,对于工资型员工,企业可以通过佣金和奖金来强化员工积极性,使其为企业和客户多走一步。至于面子型员工,企业则可以多邀请他们参与企业活动,通过口碑传播,为企业建立正面的形象。而使命型员工,企业需要的是为他们搭建一个平台,让他们尽情发挥即可。"员工一路",并不是要企业把所有精英聚集在一起,而是要企业协助不同员工找到各自的价值,一步步靠近企业成为核心,从而推动企业走向盈利恒丰。

体验笔记

LET'S SMILE

很多企业希望给客户带来愉快的体验，而有实体店铺的企业，会认为员工是一个关键的触点。为了推进优质客户服务，一家企业做了一些胸针，上面写着"let's smile"等字眼，以提醒员工，对每一个进来的客户都报以微笑。

微笑，确实是很有威力的触点，在绝大多数情况下，一个人对另一个人展开笑容，对方不会失控反击。但这个笑，如果不是出自真心，那只会事倍功半。

员工能否真心笑出来，在于企业如何对待员工。企业安排员工培训，也只是意识形态，要照顾好员工的三个关系，才能够提升员工的投入度和一致度。第一个关系是员工与自己的关系；第二个关系是员工与团队的关系；第三个关系是员工与企业的关系。

如果用户见到员工脸上没有挂一丝笑容，就是其中一个关系没做好。

体验笔记

第十章
员工体验 入门

员工一路指标

到底怎样才算是实现了"员工一路"?

企业可以考虑以下问题。

1. 企业的文化是什么?
2. 员工和自己、团队、企业的一致度和参与度如何?
3. 企业如何履行社会责任,反馈社会?
4. 企业如何设计和发展组织架构?
5. 目标如何设定?如何与企业战略结合?
6. 执行力的效率和效果如何?
7. 人才发展的重点是什么?
8. 怎么发展人才?
9. 人才梯队如何设计?

 体验笔记

员工感受

体验设计的关键,其实就是换位思考,即从对方的角度去理解需求。但由于人都是利己主义者,很难主动从利他的立场出发,所以使得体验设计困难重重,特别是在企业与员工的关系方面。对于很多企业来说,员工是企业的成本,既然要付工资,对员工就会有一种居高临下的态度。

老子在《道德经》中提到的上善若水,给领导者分享了做人做事的正确态度。上善若水,意思就是最高的善就像是水一样。水有不同的特性,最明显的就是水无常形、滋润万物、无色透明、水往下流。作为企业的带头人,需要活出水的价值。水无常形,等于管理要灵活多变,不能墨守成规,而建立优秀的团队,便需要因材施教。滋润万物,就是要有培育员工成才的心态,成功的企业不是靠一个所向无敌的将军,而是靠奋勇前进的精英队伍,更关键的是,不好大喜功,与员工争功。无色透明,代表目标清晰,更会采取走动式管理(Management by Walking Around, MBWA),即经常性地到处走动,与同事们面谈,了解大家对公司现状的看法,倾听不同的担忧,而不会闭门造车。而水往下流,就是领导者要体现仆人式领导,以谦卑的心态加强同事的责任感,同时鼓励思考,尝试不同的想法,为企业和个人增值。上善若水,是实现"员工一路"的不二法宝。

体验笔记

第十章 员工体验 入门

金士顿（KINGSTON）

传统的企业对员工要求常是上班准时下班超时，而要升职加薪的基本门槛，就是学历高表现好。但凡事没绝对，多次被美国财富杂志评为"最适宜工作"的500强企业金士顿，它们的员工，不用打卡，没有绩效，更没有 KPI 考核，上不上班员工决定，只要把工作完成就行。

金士顿在2005年推行的 EAP（Employee Assistance Programs）项目，便印证了他们的理念。这个 EAP 每天下午2:00-5:00帮助员工解决工作及生活上的一些问题。金士顿还会为员工的家人提供医疗保险，解决员工家人的后顾之忧，将部分年利润直接变成年终奖发给员工，在经济不景气时做出不裁员承诺。这种家庭式的办公文化，给了员工贴心的体验，使得金士顿的市值从2亿美元走到65亿美元，踏上盈利恒丰之路。

体验笔记

丰田（TOYOTA）

新员工的入职体验，是员工体验旅程中的关键触点，它会影响员工是否愿意并努力与企业一同走下去，所以在管理界更是有"第一个90天"的理论。

为了让新员工更快融入企业，日本的丰田公司采取了"前辈制"的形式：选出一位有资历的老员工作为新职工的"专职前辈"，任期一般为6个月，指导新员工工作并帮助其协调人际关系。另外，丰田还采用"故乡通信"的做法，由班组长每月轮流给新职工家寄信，在新职工入职第一个月，还会寄出小组照片和丰田画报，好让家里人知道员工的工作情况和近况。这就让上班中的员工无后顾之忧，更投入工作，更能发挥高效率的生产力。关爱员工，很多时候，其实就是关心员工所关心的。员工打工赚钱，也是希望给家人带来更好的生活。在这般温情的环境下，员工怎能不被感动？沐浴着公司的这般照顾和重视，员工有什么理由懈怠工作？关怀与照顾，是丰田努力为员工打造的第一体验，也是打动"员工一路"相随的原因与动力。

体验笔记

第十章 员工体验 入门

波士顿糕点餐厅 Flour Bakery + Café

一棵小树弱不禁风,百里森林并肩耐岁寒。当企业发展到拥有一大批员工之后,该如何将所有员工的力量凝聚在一起成为企业发展坚不可摧的力量?这时,企业文化便是凝聚起这股力量的关键纽带,进而打造出良好的员工体验。

Flour Bakery + Café 是一家波士顿的糕点餐厅,曾受到美国《世界日报》等大报社的赞誉,其企业文化显现在细节之处。老板哈佛华裔毕业生张柔安是企业文化的缔造者和推动者,每次发工资时,他都会在每个员工的工资条上手写感谢语,在员工上班时会以问候方式对员工进行培训,设定问候早上好的语调;员工看到同事为顾客或内部提供周到的服务时可以在餐厅白板的便签纸上写下事迹,张柔安每周会从便签纸中选出五名送上礼品卡。员工在入职一年和两年纪念时会得到礼品,当员工入职3.14年时,餐厅会举办 Pie(π)纪念活动,为其颁发礼品。这些细致人性的安排,让员工在公司工作过程中能够感受到企业的关怀,重视自己为餐厅做的贡献,更加把企业当成自己的家,与企业一路同行。

体验笔记

西雅图 SPHERES

对于在职场中紧张奋斗的员工来说，有时候一个能够让人放松下来的满是绿植、视野与风景俱佳的小角落，或许比加薪更能抚慰人心、更能提升工作效率。作为美国最大的网络电子商务公司，亚马逊则试图利用建筑内部的自然景观来改善员工体验。

在西雅图种满温室植物的高科技温室 Spheres 中，亚马逊员工可以在离地面3层楼高的树冠下漫步，在以葡萄藤为墙壁的房间里和同事开会，在一条室内小溪旁吃羽衣甘蓝凯撒沙拉。Spheres 良好的条件不仅提供了良好的个人体验，而且为不同的团队营造了开放式合作的氛围，在一层的公共空间，通往销售部门的楼梯非常宽敞，让研发和销售两个部门的员工可以在这里会面讨论，从而刺激创新。亚马逊通过三个一体化的温室打破墙壁壁垒，促进员工之间的联系，更增加了"团队空间"概念，培养了员工对工作任务的热爱和对公司的认同。

体验设计，最简单直接的方式就是从感官开始。员工每天的工作环境就是小小的办公桌和电脑，缺乏与大自然接触，而怡人的绿色环境，能给员工耳目一新、心旷神怡的感觉，从而带来好的工作体验。

体验笔记

第十章
员工体验 入门

挪威设计事务所 Snøhetta

在快节奏的城市生活中，吃饭往往变成一件随意解决的事。由于资金成本等各方面的考虑，许多公司并没设员工餐厅，有的甚至没有像样的茶水间。许多员工为省去外出的麻烦，便在办公桌电脑屏幕前吃着简简单单的快餐或者是家里带的三明治，这实际上十分影响员工的休息和工作，导致员工的工作体验不佳。

Snøhetta 是挪威数一数二的设计事务所，它认为员工的工作和吃饭环境很重要，除了要吃得更加舒适，还要能让员工在吃饭时相互沟通交流，增进彼此的感情。Snøhetta 在其纽约办公室最显眼的位置斜向摆放了一张大长桌，贯穿整个公司广阔的公共区域，可供二十多人一起用餐和交流。

"我们发挥了极致，直接把它融入到了公司的生态里"，Snøhetta 总裁表示，他希望员工一大早走进公司的时候就能看到这张桌子，它几乎就是轻松、社交、信任的代名词，这让员工上班时不再那么紧张无趣。它当然还有点别的用处，例如被用来开一些不那么正式的员工会议。更重要的是，它向前来参观的 Snøhetta 客户展现了这个设计事务所的协作氛围和互信沟通的公司文化，展示了员工团队的和谐和友好。设计员工体验，大前提是理解员工所需，并在办公的细节上花心思，这样才能给员工带来难忘的体验。

体验笔记

日本市场营销公司 PIALA

员工的身体健康是员工工作、生活以及为企业做贡献的保障，而吸烟是影响员工健康的一大因素。

Piala 是日本一家市场营销公司，为了帮助企业吸烟的员工养成良好习惯戒掉烟，采取了大量的措施。比如不吸烟的员工每年将得到 6 天额外假期的奖赏，并且对不吸烟员工收取的保险费低于整体水平。其首席执行官高雄明日香在接受《日本时报》采访时表示："Piala 希望通过奖励措施而不是惩罚或强迫来鼓励员工戒烟。"这样的员工激励措施实际上很奏效，相对于强制，激励能让员工更加愉悦地去完成一项任务。

办公区位于 29 层，但吸烟区却在地下室的 Piala，也得到诸多收益，戒烟员工每天至少节约 15 分钟时间用于工作。企业要实现"员工一路"，除了发展员工的工作能力提升效率之外，还要注重员工的身心感受，让员工体会到企业的关心，这样才会让员工为公司发展不遗余力。

体验笔记

第十章 员工体验 入门

员工歧视

在有些国家,女性及有色人种员工往往在工作中处于相对弱势的地位,虽说现在禁止工作中性别歧视和人种歧视,但是许多公司仍存在隐性不公正对待甚至拒绝雇佣这些员工。这样的不公正待遇实际上严重影响了员工整体对企业的认同感。

惠普作为世界最大的信息科技公司之一,为了更好地让所有员工享受公平待遇、消除歧视,提出了增加女性及少数族裔员工(针对创意和战略岗位)计划,希望代理公司中至少有一半员工是女性,20%为少数族裔,目前已经对代理公司包括 BBDO、Gyro 等进行相关信息的审核。

"女性和有色人种是否在核心岗位工作,这不仅是价值观的事,也是一个迫切的商业要求"是惠普公司的理念。在企业中对所有员工能否一视同仁十分重要,这甚至关乎一家企业的生存和发展。要是企业中普遍存在性别歧视等各种不公平现象,就会严重影响企业内部的团结性和凝聚力。没有好的员工体验基础,就谈不上团队资本、企业文化。

✒ 体验笔记

安拓国际(ANTAL)

员工与企业的关系很重要,但是许多企业却并没有注重这一点。有员工入职3个月发现自己怀孕,一般公司的反应是什么?辞退或是其他的坏情况。但是安拓国际公司的反应是恭喜,这怕是很多公司难以做到的。

一位从安拓国际公司离职的员工,跳槽到某知名制药企业担任中国区的招聘主管,而安拓国际公司也提供该行业的人才招聘服务,双方皆知根知底,减少了大量介绍和建立信任的程序,又有好的离职者管理流程,公司与该员工的关系融洽,很快双方就达成了合作意向,而这仅仅是众多生意中的一笔。

如果没有离职管理,甚至让员工怀着怨恨离去,公司的服务再好,这次合作也无法达成。人才梯队的建设,更是包括了员工离职的环节,即使离职了,但是优秀的员工仍然是公司未来再招聘时的合适人选,更有可能给企业创造无限的商机。防止优秀员工流失固然是企业的首要任务,但离职员工也蕴含巨大价值,如何把握,企业则见仁见智了。

体验笔记

第十章 员工体验 入门

NETFLIX

很多企业在潜意识中将员工放在被动的位置，用一种外在驱动力，如强制、督促或者物质奖励等来挖掘其才智。而 Brandeis 大学的权威研究结果显示，员工自我驱动可以表现出非凡的工作效果，甚至比普通的员工激励更加有效。Netflix 以向顾客提供超大数量的 DVD 租赁起家，现已成为一家市值数百亿美金的互联网公司，且连续五次被评为顾客最满意的网站。

多年的经验让 Netflix 知道，搭建自驱者组成的团队，是对员工最好的帮助。如果将整个员工职能体系比作一座大冰山，那么"知识、技能"只是水上部分，而隐于水下不易测量的员工态度、个性、内驱力等情感智力部分，却是挖掘之"本"，也是企业发展的强大驱动力。于是，Netfilx 极力培养员工的自驱力，在"自驱力"驱动下工作的员工，能自己让自己跑起来，他们对待工作的态度是百分之百的投入，对工作有一种非做不可的使命感，也让企业得到了巨大的发展。企业的管理者应该清楚的是，建立一支伟大的团队是最重要的任务，而不是沉浸在事务处理或者一些报表之中。

体验笔记

麦肯锡公司(MCKINSEY&COMPANY)

加班越多,意味着工作的完成度更高、效率更高吗?答案当然是否定的。麦肯锡公司,世界领先的全球管理咨询公司,曾经的公司文化是每周工作7天,如果不工作那么久,就觉得员工没有干好自己的本职工作,没有对团队做出贡献。一位员工由于宗教信仰每周只工作6天,但是他注意到一件事:虽然他的工作时间比较少,完成的工作量却比别人多,他决定尝试每周只工作5天,这次他发现自己做的事变得更多了。他告诉老板,工作时间太长,做的事情反而会减少。老板对这样的想法满腹狐疑。减少工时?那不就是在偷懒吗?这时候,由于麦肯锡公司的工作压力太大,一些无法接受的员工便选择了辞职。老板注意到工作效率与工作时间的关系,并深入地研究后发现,延长工时并不能持续增加产出,而工时减少,效率却得到了提升。麦肯锡公司的思维方式认为,加班加点地工作不是敬业的标志,而是失败的标志。让员工早点下班,不是想让员工过一种平衡的生活,而是因为他们会完成更多的工作。

体验笔记

第十章 员工体验 入门

晶苑集团（CRYSTAL GROUP）

晶苑集团为亚洲三大成衣制造商之一，为知名服装品牌（优衣库、A&F、Levi's、H&M 等）生产甚至设计针织、梭织或内衣产品。企业文化很纯粹，就是以结果为导向。所以，平衡计分卡便成为晶苑的核心绩效管理工具。

公司的指标都会从 BSC 的四个维度，即财务、顾客、流程、成长来设定，而管理人员的个人目标也会与 BSC 的目标连接。要实现"员工一路"，没什么比员工与企业的目标一致更有效。同时，为了确保所有员工明白公司要做到什么结果，公司内会利用大海报展示全年目标。当公司上下都朝着同一目标出发，并且在落实目标的过程中也经常相互沟通，从关爱员工立场出发，自然就能设计出好的员工体验。

体验笔记

管理基本

很多时候，大企业表面风光，内部运营却是一塌糊涂，而还没有倒闭的原因，是因为前人栽树后人乘凉。当问题越来越严重的时候，老板就会去处理问题。但大部分老板都存在盲点，漠视了真正的问题之源，习惯性地把问题转移到员工身上。不过，"十根手指有长短，荷花出水有高低"，不可能每一位员工都能达到老板的要求，所以就算员工有问题，实际也是企业的问题。

作为管理层，应该从员工的角度去评估情况，这就是设计好员工体验的基础。员工明白什么是对的事？员工知道如何正确地去完成对的事？如果每一个员工在各自岗位都能够把对的事情做对，企业就能踏上盈利恒丰之路。最可怕的是，团队当中有员工把错的事情做对，企业还误以为得到成果给予肯定，这就等于给未来埋伏了杀机，对企业的成长带来很大的阻力。那什么是对？什么是错？从"客户一位"出发的，就是对的，从个人意欲着眼的，就是错的。

体验笔记

责任感

哈佛商学院詹姆斯·赫斯克特教授等在1994年提出了服务利润链理论（Service Profit Chain），总结了客户的满意度最终是由员工的满意度决定的。自此，很多企业便认为只要能让员工开心，就能创造客户。但其实，开心的员工也不一定能让客户开心，因为开心的员工很多时候都会把快乐留给自己，而对客户的痛点反而视而不见，客户的痛点没得到解决，最后导致客户投诉。所以，企业真正需要的，是有责任的员工。有责任的员工，才能为企业、为客户多走一步。那如何去培养有责任感的员工？有责任感的员工并不是盲从老板的方向办事，而是为企业、为客户创造价值。

怡安翰威特（Aon Hewitt），全球领先的人力资源咨询公司，认为负责任的员工有三个行为表现：乐于宣传（say）、乐意留下（stay）、全力付出（strive）。这种员工面对问题的时候，不会问为什么，而是想办法去解决。遇上困难就只会问问什么，其实是受害者思维，不是有担当的表现。"员工一路"，关键是要有责任感的"员工一路"同行，不然，企业也难以基业长青。

体验笔记

华为

华为对于人才的重视是有目共睹的,从企业放权到高收入的唯才任用,从破格提拔到分放股票。重金之下必有勇夫,任正非正是采用这样一种方式巩固了员工基础,让华为人不是人才也变成了人才。

任正非曾说过,一个人不管如何努力,也赶不上时代的步伐,更何况在知识爆炸的时代。只有组织起数十人、数百人、数千人一同奋斗,你站在上面,才能摸到时代的脚。所以,任正非有将员工作为公司根基的用人格局,也将其上升到公司管理经营的高度,这是华为作为中国制造的骄傲的重要原因。

体验笔记

同创集团

南京同创信息产业集团有限公司，简称同创集团，是一家国有控股集团公司，是江苏省和南京市IT产业的"窗口企业"。针对员工管理，同创打造了一套自成体系的管理理论，核心就是"森林论"，即强调同创在团结起来做大事中，员工与企业共同成长。

这是一种重视员工体验、关注员工成长的企业文化与发展理论，它认为员工可以存在各种差异，就像森林里的每一株大树，但不同个性的员工都能在同创找到适合自己发展的土壤与空间，并在这种土壤和空间中，使个人的聪明才智得到最充分发挥，成为企业的有用之才。在这个理念下，"森林论"表现为"要乘凉，先种树"——自主意识；"大树底下好乘凉"——团结作风；"谁种树，谁乘凉"——激励机制等。在这样的理念下，同创对员工不是冷冰冰的命令与指挥，而是尊重与认可，把员工看成是有共同目标与语言的同仁，注重发挥人的作用，实现员工与企业共同进步。

体验笔记

腾讯

腾讯，中国最大的互联网综合服务提供商之一。在这样一个有着 3 万多人的企业里，公司战略、部门业务如何有效传递和准确解读是一个关键的问题。为此，腾讯 COE（腾讯公司内部人力资源各职能部门的统称）进行了三层次的强化沟通体系的架构。

第一层是高层思想，通过有效的高层交流活动，让员工充分了解公司战略和管理意图。第二层叫中层话语，通过部门业务沟通，让所属员工充分知晓业务方向。第三层是员工参与，通过营造透明的氛围、运营沟通平台，使员工敢说话，让员工的声音有效传递。

以第三层为例，COE 抓住员工沟通的关键，运营着员工沟通平台，如乐问、BBS 等。这是内部非常出名的平台，只要员工不说国家不允许的内容，平台的运营者从来不删帖，而且 CEO 马化腾也会在论坛回复员工帖子或就热点进行评论。这一系列做法让员工与企业的沟通更为畅通和紧密，也让员工有更好的工作体验。有效的信息交流，好比循环良好的血液，是让企业走向盈利恒丰的必要条件。

体验笔记

执行力

有一个故事：一群老鼠开会，研究如何应对猫的袭击。有一只很聪明的老鼠想到了好主意，即在猫的脖子上挂上一个铃铛，只要猫一动，铃铛就会响，这样大家不就可以提前知道猫来了吗？老鼠们都觉得这个主意不错，但是问题来了，谁去给猫挂上这个铃铛呢？直到最后，铃铛都没挂在猫的脖子上。

为什么很多国企干不过私企？为什么很多企业五六年就倒闭了？很大一部分原因是执行力不到位，混日子的人太多，而对一家企业来说，没有执行力，再好的项目计划也只是纸上谈兵！很多企业，领导安排一项工作，下面的人总是打折扣完成，反正都是在这里混日子嘛，多一分钟舒服就是赚的。久而久之，就是企业的衰败。

事实上，执行力是企业文化、团队协作共同作用产生的结果，要想让企业能够持续发展，就应该培养员工以及领导各个阶层的执行力，这样才能在瞬息万变的时代抓住机遇，让公司飞速发展。

体验笔记

俏江南

企业与员工的关系十分重要，甚至可以说，企业对员工的好坏直接决定了企业的生死！以"时尚、经典、品位、尊宠"为经营理念，致力于打造世界级中餐品牌的俏江南（SouthBeauty）便是犯了这样一个大忌。

俏江南曾豪言要做中餐里面的 LV，却最终落得衰落的下场。曾经俏江南的"回锅油"事件闹得沸沸扬扬：客人点了水煮鱼，客人走之后，店家舍不得倒掉，竟然接着用来做菜。事发之后，俏江南回应：我们做回锅油只给自己的员工吃，不给顾客吃的。

企业都说"客户一位"，尤其是餐饮服务业更是将顾客看做上帝，但是这样一个澄清事实真相的行为背后，暴露出来的是俏江南对自己员工的极端不尊重。俏江南全国所有的员工，看到这样的回应，也许心里最直接的想法就是——企业心里根本没有我！后来俏江南上市失败，接连关闭数家门店，与员工的流失关系不小。同样是餐饮企业，海底捞却能够做好这一点，即使没有硬性考核指标，但是企业对员工的关怀照顾，却让海底捞的员工们更加重视服务质量，为企业带来了巨大的利润。

体验笔记

步步高

在产品生命周期的初期，营销策略自然能起到不小的作用，但是想要让产品拥有强大的生命力，而不是早早地就进入衰弱期，就要看企业内部是否能够做到"人心所向"了。

知名品牌步步高的创始人段永平，在小霸王电子工业公司任职时，用了5年的时间将一家亏损200万的小厂打造成年产值10亿的大公司，然而却因为没有股权的问题被迫离开。离开之后，段永平创立了步步高，先后在复读机、电话机、VCD、手机等领域获得了巨大的成功。其中很重要的一点就是"人心"，在自己创立公司的时候，他让所有中层管理人员入股，其他员工没钱入股的他就借钱给他们，让员工能够在公司里拥有自己的股份。试想，一个全员持股的公司，赚的钱大家分，员工能不拼命吗？把员工的利益放在企业发展的重心，才能让员工对企业有信赖感，从而实现"员工一路"。

水能载舟，亦能覆舟。在企业里，员工就是水，能够将企业承载起来，但要是水慢慢地流失，那企业也就濒临灭亡。

体验笔记

今日头条

互联网圈的 HR 都清楚，想从今日头条挖人是很难的，包括 BAT 这些行业巨头，开出不错的条件，也很难成功。这是为何？今日头条的创始人张一鸣曾说，"一名优秀的 CEO 首先应该是优秀的 HR"，这并不是没有道理的。对于一家企业来说，十分重要的一点就是人才，只有人才在公司起的作用是不变的。

今日头条十分注重人才的培养，并且在设置人才机制上下足了功夫，实行了有效的激励策略，这也是今日头条能够留住人才的一个关键所在。有一个词可以用来衡量人才的耗费，即人力成本（Labor Costs）。很多公司会把人才当做损耗的成本，尤其是比较节约的 CEO 会这样认为：这个人很"便宜"，挺好的。但是拿中国和美国的公司比较，美国公司的人力成本贵很多，却能够发展得很好，核心的原因是，美国公司通过配置优秀的人有更好的回报，所以关键不是看成本，而是看回报和产出。优秀的员工是值得企业付出成本进行培养的，这样才能够给企业带来源源不断的利润。

体验笔记

第十一章 员工体验

（一）企业文化

企业文化

每一家盈利恒丰的企业，都有清晰的使命、愿景和价值。使命定义了企业存在的意义，愿景是企业的长远目标，价值是做事的方式。比如可口可乐公司其中的一个使命是"让我们所触及的一切更具价值"。要实现这个使命，愿景就是成为"一个负责任的全球企业公民，通过建立和支持社区的可持续发展，令世界更美好"，而有关的价值就是"激情：全心全意投入"。三个元素的总和，成了企业的文化。文化要实在地渗透到企业和员工的日常工作中，这需要经历"说出来、定下来、做出来"的有效路径。第一步的说出来，就是长期反复地通过全渠道去传播文化的具体含义，让员工在潜移默化中接受。然后，就是要将说出来的文化制定成可量化的行为标准，协助员工掌握转化的方法。最后一步，是知行合一，而关键就是管理层的日常行为要体现企业文化，以向其他员工提供范本。文化不只是大企业的专利，中小企业要从零到一，从一到恒，也需要清晰的使命、愿景和价值，引领"员工一路"相随企业的成长。

体验笔记

第十一章
员工体验（一）企业文化

和谐团队

戴维·麦克劳德（David MacLeod）在2008年《敬业：从优秀到卓越的公司精神》*The Extra Mile: How to Engage Your People to Win* 一书中提出，员工可以用一致度和投入度来分类。这两个指标基本从事和人出发：投入工作，就会认真把对的事情做好；理念一致，就会凝聚众人的力量建立和谐团队，并减少无谓的人事斗争。

在企业里，每位员工都需要在对人对事上取得一个合理的平衡，顶层管理者更多是做人的工作，而前线执行员工就需要踏实做事。基于这两个核心元素，便可以整理出四类员工。高一致、高投入的员工是公司最宝贵的资源，因为他们的产出是最高的。而坏苹果当然是低一致、低投入的员工，他们是公司的负资产。而在投入和一致之间，哪一个更重要？

Zappos，一家卖鞋的最大 B2C 网站，便认为一致比较重要，因此他们投入很多资源在招聘上，确保进入企业的新员工与企业的文化相符合。如果挑选有误，Zappos 愿意多付补偿金邀请不适合的员工在试用期离开。一致度比投入度更重要的原因是因为智商哪怕再高，也需要由高情商的人来执行。更何况，企业可以通过培训提升员工生产力，协助员工更投入工作。所以，企业要稳固文化，便需要在员工体验旅程的开始阶段好好把关。

体验笔记

员工一路

企业能否实现"员工一路",很重要的一点就是企业、团队和员工这三个组成架构能否建立一致性的关系。企业与员工一致,就是文化的基础;团队与员工一致,就是价值的基础;而员工与员工一致,就是发展的基础。企业与员工的关系,建立在员工体验旅程的最早阶段,甚至于在还没有进入企业前,便已经存在。

一些名牌企业如腾讯的一举一动,都是希望成为腾讯一分子的潜在员工的关注点,认同企业文化价值的便会想尽办法加入到企业中。有些人可能是糊里糊涂进入企业,之后再慢慢被企业的文化洗礼,有更多的人可能发现与企业的信念不一,便选择离开。而团队与员工,指的不只是同辈,还包括了上司与下属,就是全方位的关系。团队资本最大化,就是所有人共同投入企业的文化,把对的事情做对,就算彼此之间出现矛盾,也只会对事不对人。员工与员工,则是员工的职业规划,也就是员工的需求。很多员工,可能就连工作与事业的区别都没搞清。工作,只是用来挣钱养家的,不需要热爱,但事业应该是热爱的,每次工作都觉得无比快乐和满足。企业其实有责任协助员工找到可以做一辈子的事业,《礼记·大学》之修身、齐家、治国、平天下,正是企业实现员工体验的过程。

体验笔记

第十一章
员工体验（一）企业文化

从体验出发

企业文化好比一个国家的文化，国家的文化由人民建立，而企业文化也应该由员工和管理者共同建立。传统来说，企业文化很多时候都是由管理层定义的。而至于这个定义如何设立，很多时候，都是基于管理层的偏好。如果管理层看重利润，那企业关心的就是开源节流。但是通常走这个方向的公司，都会忽略体验，导致员工盲目地成为赚钱的机器。企业要盈利恒丰，其实需要从体验出发。三个体验元素——品牌体验、客户体验、员工体验当中，企业应当以客户体验作为文化之基础，毕竟，"发工资"的不是老板，而是客户。如果客户不满意，客户就不会"聘请"这个企业去实现他们的工作目的，企业就拿不到工资。所以，管理层其中一个关键的责任是，为企业注入客户体验，让每一位员工，都以"客户一位"为方向，将企业文化牢记在心，和企业一起进步，一路相随。只要企业都以客户体验为本，从上至下，企业就能够赢得用户的青睐，踏上盈利恒丰之路。

✒ **体验笔记**

文化到底是什么？

文化到底是什么？不同的人会有不同的定义。简单理解，文化和品牌是同一样东西，只不过文化对内，品牌对外，内化于心，外化于行。因而，文化应该以品牌体验为基础。

1993年，迈克尔·特里西（Michael Treacy）和弗莱德·威尔斯马（Fred Wiersema）在《哈佛商业评论》提出了企业的三个价值信条，分别是运营卓越、产品领先、亲近顾客。如果企业是以运营卓越为导向的，员工做事就注重细节；如果企业是重视亲近顾客的，员工凡事就会从客户出发。当然，价值信条只是一个方向，企业还可以按品牌承诺去定义企业的文化。比如企业选择以结果为导向的话，员工的思维和行为就会以终为始。文化，也可以用一个公式表达，就是"文化＝价值＋行为"，意思就是员工活出了企业的价值。只有当企业的全体员工都从内心认同了企业的文化，才能使之成为员工的价值追求和自觉同企业一起进步的动力，最终形成企业前行路上最强大的力量。

体验笔记

美国卖鞋网站 ZAPPOS

Zappos 的故事，可以说是一个传奇。从快要倒闭，到后来被亚马逊高价收购，再成为客服典范，都是源自其重视用户体验的文化。

这就是他们著名的十个价值观。他们对文化的坚持，始于招聘过程。招聘进来的员工，都要经历客服中心的洗礼。创始人谢家华认为，客服中心让员工与客户接触，协助员工明白客户要求，就能更好地提供合适的服务，让客户满意。最经典的一个案例是，其中一个客服，为了更好地解决客户痛点，和客户谈了几十分钟的电话，远远超出了行业水平。拥有这样的文化，绝对不是一朝一夕可以达到的，更多的是时间的沉淀和企业员工的共同努力。

所以，每一年，Zappos 都会制作一本文化书。这本书的内容，是邀请各国员工，选择十大价值其中一项，并分享自己如何做出来。从说出来到定下来到做出来，完完全全展现在 Zappos 的文化里。也因为有了这个文化，万众一心，Zappos 在亚马逊系里，是被公认文化建设最好的一家公司。当然，Zappos 也得到了回报，业绩得以持续发展。

体验笔记

微软（MIRCOSOFT）

企业文化与领导力的关系非常紧密，领导可以说是体现和实践企业文化的关键。领导的行为，就是员工的榜样，就是所谓的身教。积极的领导，会推动员工积极做事，领导放松散漫，员工做事也不会起劲，最后导致好的人才流失，工作效率下降。

微软，在比尔·盖茨（Bill Gates）和史蒂夫·鲍尔默（Steve Ballmer）时代，可以说是以结果为导向。比尔·盖茨比较直接，会指出员工做的不对的地方，这种管理方法，可以是一种动力，但也会让员工失去斗志。最新的领导萨蒂亚·纳德拉（Satya Nadella）一反常态，改变管理作风，而结果，是让陷入低潮的微软反弹。根据美国《快公司》杂志的分析，纳德拉从五方面，改写了微软的文化方程式。

1. 承认错误。
2. 正面能量。
3. 快慢配合。
4. 人才发展。
5. 换位思考。

实际这些都是老生常谈。但真正成功的企业，就是知行合一的企业。

体验笔记

惠普（HP）

惠普，作为屹立于 IT 领域长达半个多世纪的顶尖企业，它的企业文化一向为人称道。惠普文化归结起来有关键两点：尊重员工以及追求创新。

尊重员工，就是尊重员工的工作感受和个人价值，尊重员工的努力与贡献。在惠普，员工间可以不拘礼仪、不冠官衔地直呼其名；主管们以不拘形式的上下沟通进行管理和处理问题；而且公司实行弹性工作制和终身雇佣制，给职工以充分的自由和职位保障。

追求创新，就是鼓励灵活性和创新精神，追求更新更好的工作方式。惠普激励员工在研发技术、产品、服务、业务模型和工作方式等各环节中寻求创新，高层重视员工提出的金点子，公司专门设有创新经费和奖金。

尊重员工，给了员工强烈的归属感和舒适的工作体验；追求创新，焕发了员工更大的工作热情和效率。这种刚柔并济、张弛有度的企业文化，既带来良好的员工体验，也使员工牢牢团结起来，一路相随，为了共同的目标而努力，创造更好的客户体验。

体验笔记

体验曲线
让企业盈利恒丰的 365 个体验
EXPERIENCE WAVE

FACEBOOK

在美国，出生于1980年以后的千禧一代，常常无拘无束，并抱有一种幻想——工作应该是一件有趣的事情。对许多公司来说，他们是"刺头"般的人群，然而到了Facebook，他们就成为了"香饽饽"。这是因为Facebook接受了这群年轻人的特点，并为他们精心制定了管理方法。

Facebook跟员工说，不要听命于谁，而是要拥有"强烈的主人翁精神"，甚至鼓励低级别员工质疑和批评经理，允许员工经常变换工作岗位。这对于渴望自由，喜欢挑战的年轻人来说，无疑是一种极佳的工作体验。公司关注这一代的优势，给了他们想要的自由和空间，员工就可以按自己的想法干"有趣的工作"，这极大激发了员工在Facebook一路干下去的热情。

Facebook人力资源副总裁罗莉·格勒尔（Lori Goler）曾说："公司的关注点在于确保所有员工能够在一个包容和具有挑战性的环境里工作，使得他们可以在人生任何一个阶段出色工作。能够创造一个适合所有人的企业文化，我们感到自豪。"Facebook满足了员工渴望自由、喜欢挑战、追求有趣的需求和体验，也因此收获了一批愿意一路跟随的员工，形成了独树一帜的企业文化。"员工一路"，就是这样。

体验笔记

金士顿（KINGSTON）

金士顿的员工上班没有强制的制度约束，上班不打卡、没有 KPI 考核。像这种完全不用 MBA 管理公司学说的企业是否存在而且还能做大做强呢？

答案是肯定的，它不仅存在，而且完美避开了其他企业管理的法则，将业绩做到了世界第一。金士顿管理员工的一个重要理念就是分享，员工既是财富的创造者，也是享受者，所以，员工从来不是简单的劳动工具，而是企业的财富。对于员工，金士顿强调以人为本，利他优先。内部，公司有先考虑员工利益；外部，则优先考虑客户利益。

金士顿的一个管理员工的文化就是：主动对员工好，给最宽松的环境，然后看员工是不是求"好"。好，那就一家人，好上加好；不好，公司也不会多么严厉斥责员工，或者试图改变员工，而是不废话，放员工走。正如金士顿的创始人之一杜纪川所说："公司与员工、伙伴之间，不用那么严苛，功利，甚至锱铢必较地残酷，也是能够成功的。"

体验笔记

沃尔玛

沃尔玛,世界上最大的零售连锁企业,秉承着"顾客至上、员工满意"的企业文化。沃尔玛坚信,善待每一位员工才能善待每一位客户。

在沃尔玛,员工不被称作雇员,而被称为合伙人或"同仁",因为公司要靠员工团结一致的献身工作才能成功;反过来,公司要让他们感到像是在一个大家庭里。沃尔玛对员工利益的关心和企业文化理论不只是停留在口头上,而是有一套详细而具体的方案。

在沃尔玛,开放而良好的沟通环境使每位员工都可以向经理表达自己的看法,包括建议和不满,而且他们有由全体员工参与的利润分享计划,符合资格的员工可参与公司利润分配和获取丰厚退休金。此外,员工能以低于市价15%的价格购买股票、员工在沃尔玛购物享受折扣、员工子女有奖学金等多项优惠。这种"让员工满意"的企业文化,使合伙关系充分展现,使员工凝聚成一个整体,为着公司的发展壮大而不断努力。

体验笔记

高盛

高盛集团是全球领先的投行、证券和资产管理公司,自1869年成立以来,在金融业经历了近一个半世纪的风雨而稳定发展,这与其优秀的员工和追求卓越的文化不无关系。

"我们为自己的专业素质感到自豪。对于所从事的一切工作,我们都凭着最坚定的决心去追求卓越",这是高盛业务原则中的一条,也是其精英文化的精神支柱。为了激励员工追求卓越,高盛的管理可概括为:前有现大洋,后有督战队,再来点政治工作。"现大洋"就是高额奖金,连续几年达平均每人50万美元,是其他投行的两倍。"督战队"就是惩罚后进的机制,高盛每年会淘汰5%的"落后分子"。而"政治工作"就是培养员工团体荣誉感,逢年过节,大家总能收到老总的电话录音留言,使人感觉管理层并非高高在上,而是身边的战友。

在金融领域,对员工最有吸引力的当然是金钱,高盛这种追求卓越的"狼性"文化给了员工创造财富的机会和空间,也使得员工为企业殚精竭虑贡献力量,从而实现盈利恒丰。值得一提的是,狼性不一定适合每一个行业。每一种文化,都需要配合企业的品牌体验设计。

体验笔记

通用电气

通用电气公司（General Electric，简称 GE）是如今世界上最大的多元化服务公司，但在上世纪七八十年代却因为官僚主义盛行、体制僵化而经营不佳，时任董事长和 CEO 的杰克·韦尔奇（Jack Welch）通过一系列改革使其重新富有生机。

韦尔奇提出了"大家庭情感"的企业文化，主要体现在"直接沟通"与"员工事无小事"两方面。韦尔奇至少有一半时间花在与员工的相处上，去认识他们和谈论问题，以至于他至少能叫出1000名员工的名字和工作职务。同时，韦尔奇经常给员工发 E-mail，让员工感到亲切和被重视。"员工事无小事"体现在关注员工的体验和感受，GE 曾经因为一个工程师少收了30美元加班费而动用最高管理部门调查此事，并公开向该员工道歉。这种"大家庭情感"的企业文化，拉近了企业与员工的距离，处处为他们着想，真正给了他们家的感觉，是医治企业官僚主义的良药。也只有爱厂如家的员工才能尽心尽力为企业贡献力量，从而创造更好的客户体验，让企业走向盈利恒丰。

体验笔记

第十一章
员工体验（一）企业文化

西门子（SIEMENS）

西门子公司从创立至今走过170年的历程并成为世界上最大的电气公司之一，离不开其员工的一路相伴与努力，这也有赖于西门子公司秉承视员工为"企业内部的企业家"的领导理念和企业文化。这样的企业文化，给员工传达了积极的信号：员工不是被企业雇佣来完成工作的人力机器，而是企业一路前行的伙伴，是企业的主人翁；员工与企业之间也不是冷冰冰的金钱关系，而是相互发展、休戚与共的伙伴关系。西门子要让员工感觉到工作是愉快的、有价值的体验，而不是为了谋生的不得已之举。

曾有报道，当外界问及西门子公司的员工在哪儿工作，回答近乎异口同声：西门子公司！这听起来简单的回答却展现了西门子员工热爱企业、视厂如家的主人翁责任感，这就是西门子文化所培养出来的西门子人。也正是西门子文化，给员工带来积极的工作体验，给企业不断注入活力，使企业焕发生机，走得更远。

体验笔记

谷歌（GOOGLE）

员工的业绩不理想或犯错误时，需要领导大发雷霆地去操心的，往往是因为员工缺乏使命感，说明企业文化相对较弱。

谷歌，跨国信息科技龙头，相信谷歌的员工都是卓越的，也愿意去接受挑战，所以便用了无声胜有声的方法去修补错误。正值谷歌公司准备上市前夜，谷歌创始人之一拉里·佩奇（Larry Page）把谷歌"右侧广告"的显示结果贴于办公室厨房的墙上，并用粗体字写着"这广告太糟了！"这做法看似当众羞辱员工，却体现了谷歌"对事不对人"的企业文化。一群工程师马上接受了挑战，迅速开会讨论问题并提出可行性方案，由此开创了谷歌的搜索盈利模式。

值得思考的是，佩奇没有直接去找负责部门破口大骂，而是将问题贴在厨房间，让整个公司的员工都能看到，因为"足够多的眼睛就可以让所有问题浮现"（也被称为林纳斯定律）。企业文化是员工与企业的共同语言，优秀的企业文化能够让员工明白应该朝哪个方向努力，并知道如何到达那里。好比谷歌，对事不对人的文化向员工传递着使命感与目的感，佩奇只需一张纸条，不需说明任务，员工就能自我完善寻找突破。

体验笔记

第十一章
员工体验（一）企业文化

狼还是羊

有位企业负责人说："你给员工吃草，你将迎来一群羊！你给员工吃肉，你将迎来一群狼！"说的永远容易，也不需要负责任。当一家企业的员工全部都变成狼的时候，这会是什么后果？吃亏的就只会是客户。企业处理员工关系，重点不是要给员工吃肉，而是要协助员工明白一个为什么。当一家企业清楚其品牌价值和存在意义，并有效地传递到每一位员工的心坎中使之认同，这个爆发力，比工资有更大的威力。

管理中有一句话，"老板的第一要义就是复制出像自己一样操心的人！"其实这句话也是另一个误区，在"员工一路"当中，没有老板与员工之分。企业好比身体，每一个人就等于身体的一个部分，都只不过在担当着一个功能，每个功能都需要发挥得当，确保一切正常，这样就能身体健康。一个企业只有当员工对公司有主人翁意识的时候，所有人才会朝着一个方向去努力，所有人才会对这个企业报以最大的热情，从而实现盈利恒丰。

✒ 体验笔记

体验曲线
让企业盈利恒丰的 365 个体验
EXPERIENCE WAVE

富士康

企业文化对于一个企业是至关重要的。富士康企业的跳楼事件，虽很难说清到底谁是压死员工的最后一根稻草，但在某种程度上说明，富士康的员工管理存在一定的问题。不管是"不自杀协议"还是"跳楼赔10万"的警告，都看得出富士康只在乎"客户一位"，而忽略了"员工一路"。企业想要持续、稳固发展，体验曲线里的三个元素就必须得到一个平衡。

北京大学社会学系副教授卢晖在接受报纸采访时曾表示，富士康的反应比较令人失望，"他们没有意识到自己的责任，而只是把这一系列事件看成是员工自身的问题。如果是企业的问题，就可以从管理制度和经营方式的改善等方面入手。"富士康近乎推卸责任的回应，估计早已让员工的心凉透了。员工长期处于一种高度紧张的高强度工作状态，就算有生产力，但缺乏对企业的热情，与机器无异。这样的企业，即使拥有再强大的技术，失去了员工的心，失去了社会的口碑，人员流失的警钟必然会敲响。

 体验笔记

第十一章
员工体验（一）企业文化

易宝支付

一家企业招聘到精明能干的员工也许并不是什么难事，但是怎么让员工与企业一路相随，不离不弃，却是一个值得思考的问题。有一家公司，员工在10年以上的，竟然有20多人。看数字好像并不是很多，但是，这些人已经是当年公司创立时员工的80%！这家公司叫做易宝支付，是中国行业支付的开创者和领导者，也是互联网金融和移动互联领军企业。易宝在成立之初，也是经历了不少苦难，公司最艰难的时候，曾经"高管不发钱，中层发一半，基层发全额"，即便困难，易宝的CEO唐斌等人也坚持不拖欠员工的工资，并且与最基层的员工沟通交流，一起工作。后来易宝的业务逐渐好转，公司员工人来人走也不少，但是最初的这批员工，稳定性反而更好，倒不是因为他们有多高的职位和待遇，而是因为最终能够留住人的，就是人心换人心，是当年的那份温情与友谊。所以，企业要想稳定发展，就要让那些最有价值的员工成为企业最稳定的发展根基！

体验笔记

体验曲线
让企业盈利恒丰的 365 个体验
EXPERIENCE WAVE

海底捞

海底捞,大型跨省直营餐饮品牌火锅店,是在企业文化方面率先觉醒的公司之一。海底捞认为管理就是服务员工的成长,所以海底捞以一种"照顾好员工,你的员工就会照顾好你的客户"的良性逻辑,充分挖掘员工个人的聪明才智,并把它发展为核心竞争力。授权就是其对待员工的重要措施之一,海底捞充分放权给各级员工,例如人员调配权、请假批准权、紧急事件先处理后报告权,让员工体验到当家做主的自豪感,在公司给予他们充分信任的同时,也让他们充分信任公司。在海底捞,副总、财务总监和大区经理有100万元以下开支的签字权,店长则有3万元以下的签字权。而对于海底捞的一线员工来说,他们也同样有着比同行大得多的权力——部分的免单权,只要认为有必要,就可以给顾客免费送一些菜。而就是这种大胆的授权,使员工与海底捞息息相关,把店当做自己的家,一路相随。

体验笔记

宝钢集团

宝钢集团（简称宝钢），中国最具竞争力的钢铁企业之一。"严格苛求、学习创新、实事求是、与时俱进"是其企业文化的总结。而创新更是宝钢企业文化的核心内容，于是宝钢秉承技术业务人才和经营管理人才职业发展"双通道"的思路，在两个通道分别设立首席师、主任师、区域师三级体系。

一名叫江伟的员工，大专毕业后进入宝钢，从事试样机械加工工作，靠自学先后取得了本科学历和机电数控高级工证书，拥有4项专利、一项先进操作法。宝钢甚至因此专门设立江伟工作室以示表彰，现在其所在作业区的员工，人人都有创新成果。宝钢有员工创新工作室66个，常设创新小组2213个，有100名创新志愿者和100个员工经济技术创新小组结对开展"双百"活动，实现创新活动基地与企业现场对接，员工自主管理取得创新成果7500项。宝钢注重创新的企业文化培养了一大批具有创新意识和能力的技术人员和工程师，为宝钢的发展提供了源源不断的动力。

体验笔记

体验曲线
让企业盈利桓丰的 365 个体验
EXPERIENCE WAVE

311

西贝餐饮

西贝餐饮有限公司，一家从一个"黄土坡小吃店"发展成为在全国拥有200多家门店的餐饮企业。西贝企业文化的核心就是以人为本。

首先，西贝为员工购置标准公寓，而公寓的住宿设施及所有的服务一概免费，这极大减轻了员工的生活压力。公平与民主也是西贝以人为本的企业文化的重要体现。

西贝自办了小报《品味》，这不仅是对内对外宣传的主要手段，也是管理层与一线员工交流对话、员工与员工之间交流的工具。员工对团队、对总经理甚至对公司的工作有看法，都可以光明正大地写在报上，绝对不会受到压制和打击，这就是西贝的民主氛围。

西贝公司一位最年轻的部门经理在《品味》报上曾坦言：在西贝，不论资排辈，只要你有能力，能胜任，西贝的舞台就由你唱主角。也正是这种宽松民主、自由体贴的企业文化，让员工能舒适地工作，大胆地建言献策，与企业共同成长。

体验笔记

浙江吉利

吉利集团（GEELY）是中国国内汽车行业十强中唯一一家民营轿车生产企业。吉利的人才理念是尊重人、成就人、幸福人，这就是以人为本出发的文化，也是员工体验的精髓。尊重人，因为万事在于人。只有把员工看成是人，才不会把他们看成工具。工具没价值便被弃掉，但人人可成才，员工有天天向上的心态，就会协助企业走得更好。成就人，就是协助员工成功。这个成功，不是一般的成功，而是品德、能力和热情也不断提升。

在吉利，HR拥有的是产品思维，将员工视为用户，员工生命周期产品线有入职产品、易办事产品、吉时语产品、弹性福利产品、关爱产品等。首先吉利会为每一位员工设计入职产品，帮助他熟悉适应吉利，另外有自助服务平台及咨询平台帮助员工解决工作的问题和困惑。此外，吉利通过校企合作、吉友会和人才培养，缩短了人才培养周期，航计划、海豚计划、转身计划、研究生培养相辅相成，成就优秀员工。吉利还努力改进员工福利，根据员工家庭情况设置不同的福利可选项，员工可根据自己需要选择最适合自己的节日福利，从而实现福利人性化，最大程度上幸福员工。

体验笔记

新希望集团

新希望集团，中国农业产业化国家级重点龙头企业，也是中国农牧业企业的领军者。新希望一直以"像家庭、像学校、像军队"来塑造企业文化。家庭——企业本来就是员工的第二个家，但很多企业都只是把家挂在嘴边，没有落实执行。那家到底是什么？就是可以和父母直接沟通。所以，在新希望，任何员工都可以面对面跟董事长汇报项目、表达观点、展示才华。学校——不断学习才能不断进步，新希望推出的无边界制度，就是鼓励员工不约束自己、大胆想象，勇敢试错，公司会为敢想敢为的人的失误买单。学校，就是鼓励学习的地方。在这里，最大的错误就是不尝试。新希望的无边界，完成了这个使命。军队——对工作的安排完全从结果导向出发，对员工的考核完全从业绩出发，这就是军队。正是因为这种机制，一批批年轻人在新希望脱颖而出，快速成为各领域的骨干和主管新希望集团的"新希望"。

体验笔记

格力

"格力"空调之所以能够成为世界级品牌,是因为格力一直在打造狼性团队。任何高效的团队,都有一个清晰的使命,让所有人都以同一步伐走向同一终点。所以,格力将规章制度都挂在文化墙上,这面墙并不是普通的一面墙,而是标志着企业灵魂的空间。

这个灵魂,是由员工一同商定,签字生效来赋予的。制度定下来,等于方向已经明确,下一步,就是做人的工作。原来,每个人都有三个H,即头(Head)、心(Heart)和手(Hands)。虽然它们之间的距离不到一肘,但用头去认识这个世界,再用心去认同所认知的世界,最后学会亲手实践知道的知识,要花上几十年的时间。因此,当头狼面对一群狼的时候,就必须先以心换心,用诚心换来狼群的铁心。万众一心以后,就是工作的启动,强化团队的执行力。这时,头狼就要理解狼的特性:好勇斗狠。于是,格力便安排在早会时把各班组的数据拿出来对比,相差数据较大时,一句:我们都是同样的人,我们会比别人差?就会将整个团队的激情点燃。除了竞争,也需要和谐的团队。所以,格力定期组织集体活动,如吃货小组、故事分享等来提高凝聚力。不过狼性如水,能载舟亦能覆舟。这种狼性文化,需要找到合适的员工才能事半功倍,不然,只会格格不入。所以,员工体验的设计,很大程度上要基于企业文化。

体验笔记

315

加多宝

加多宝和王老吉之战，相当精彩。加多宝赢的不只是一场营销战，更是牢靠的员工体验。一句"稳定军心"，就是当时管理层对员工的安排。军心，什么是军心？军，就是并肩作战的战友，有福同享有难同当。心，不是头或者手，而是内心深处的情绪。这种万众一心的员工体验，不是一时三刻可以建立起来的，而是在日常的点点滴滴中，协助员工一步步的建立的。当然，企业的付出固然关键，团队的相互作用也强化了这个军心。这个红红的员工体验为面对严峻考验的加多宝带来了什么？

1. 以前加多宝的员工去餐厅吃饭都会自带饮料，但从那一刻开始，员工去餐厅吃饭都会主动向服务员强调要"加多宝"。

2. 有不少员工在打出租车的时候会主动送加多宝给司机，并告知凉茶换标了。

3. 街头的加多宝促销人员不停地从便利店里购买加多宝赠送路人。

 体验笔记

第十二章　员工体验

（二）团队资本

什么是团队

团队资本是"员工一路"的第二个核心。当企业建立了符合品牌体验的企业文化,也就是员工都理解了企业的定位,下一步,就是要行动起来。

关键的团队能力,至关重要。一般好的团队就会有好的执行力。而当企业有了好的方向以后,更关键的就是有没有好的方法,继而是执行,执行拼的是团队资本,首先要明白什么是团队。

团队,就是由一群有共同语言,为了共同目标而各司其职的人组成的共同体。团队资本,就是使这个共同体的共同语言更为密切,共同目标更为牢固,以及实现共同目标的能力与效率更为强大的资本。

团队资本可以从员工、团队、企业三个角度去理解。从员工角度出发,团队资本包含与下属、与同事以及人与上司这三个层次的关系,帮助员工处理好这三层关系就是从员工角度对团队资本的建设。

从团队角度出发,建设团队资本需要思考如何使团队间部门间高效运转、协作,要考虑分工机制是否合理,团队间的沟通工具和方式是否有效,团队各自的优势能否在合作中发挥出来。

从企业角度出发,就是组织发展(organization development, OD)的问题。OD分三个层次,第一层次是根据企业战略确定需要建设怎样的团队;第二层次就是如何建立完善的架构,让团队高效运转;第三层次就是如何使不同岗位的员工在相应位置上发挥效能。

 体验笔记

第十二章
员工体验（二）团队资本

发挥价值

人有生老病死，同样，员工在企业也有一个从新到老的体验旅程。新员工初到企业时人生地不熟，需要一段时间去适应和融入新环境。

迈克尔·沃特金斯（Michael D. Watkins），全球著名职业转型指导专家，在其著作《创始人：新管理者如何度过第一个90天》*The First 90 Days* 中提出，新员工进入新角色的第一个90天的表现，决定了员工今后的发展。如果在这个时期出现差错，对员工整个职业生涯有可能造成难以估量的影响。重视"员工一路"的企业，有责任协助新员工度过这个重要时期。除了基本的入职培训，还可以用"老带新"的方法帮助新员工掌握工作岗位的需求。不过有些时候，老员工会有一个"长江后浪推前浪"的想法，认为"教会一个徒弟，饿死一个师傅"，所以在整个互动的过程当中有所保留。更坏的情况是新员工该学会的，没学会，倒是弄明白了企业"上下五千年"的花边新闻，最后新人做事能力没提升，做人本领却一代新人胜旧人。

要让团队资本发挥价值，企业文化起着关键的作用。只要员工都能万众一心地想着为企业和客户带来更好的客户体验，也就不存在新老员工的顾虑。当下要做的，就是一个团队如何把对的事情做对。

✒ **体验笔记**

柯氏四式

团队能力能否产生1+1>2的效果,其中一个因素是团队能否持续提升其竞争力。企业要提升团队资本,首先要从个人员工出发,因为团队是由不同员工组成的。而员工发展,是协助企业产出高效员工的长远策略之一。员工发展和员工培训是两种不同的方法。培训更多是短暂治标的,而发展是持续的过程也是治本的。由于企业不可能给所有员工都安排个人的长期发展规划,所以有部分员工,就只能参加企业的培训。对于很多员工来说,培训更多是一种企业给予的福利,但福利也可以转化成动力,为个人为团队为企业为客户带来实际价值。

柯氏四级培训效果评估模型,由唐纳德·柯克帕特里克(Donald Kirkpatrick)于1959年提出,就是更有系统地提升培训价值的工具。这四级分别是反应、学习、行为、结果。简单说,第一级是员工在课堂时有什么反应,第二级是员工在课堂里学到什么,第三级是员工上课后的行为如何转化,第四级是行为的转化如何给企业带来价值。柯氏基本就是员工体验导向,每一级的评估,都是协助员工提升个人价值。比如团队培训,行为表现可能是多聆听、少说话、对事不对人,所以培训设计就会按照这个方向出发。当团队里的每一个人都能以同一步伐共同学习时,自然能得到1+1>2的结果。

体验笔记

第十二章
员工体验（二）团队资本

全赢思维

磁铁有正反两级，正负相吸，而同级则相斥，这个天然现象说明了一个道理：同类不一定能完美结合。团队也一样，虽说"近朱者赤，近墨者黑"，但一个优秀的团队，往往就是集合了奇人异士，他们各自发挥所长，如同复仇者联盟，才能发挥最大价值，得到全赢的结果。这个全赢，包括个人、团队、企业、市场、客户、供应商等。当然，这个全赢，不可能一步到位，需要时间磨合。一般团队的建立，都需要经历成（form）、荡（storm）、范（norm）、行（perform）四个阶段。第一步就是要了解和接受共同的目的。没有一致的共识，就等于正正的磁铁，无法结合，团队变成一盘散沙，很难做出成绩。而了解的方法，就是少说多问多听的沟通过程。之后的互动过程中，出现意见不一擦出火花是正常的，这是个求同存异的过程，关键是共同的初心。几经波折，团队成形，也只是在"范"阶段，不等于做到全赢。刹那的光辉不是永恒，还需要积极主动寻求改善。这，才能达到持续的全赢。很多时候，全赢没法达到的其中一个原因是团队中的一些成员有受害者思维，喜欢抱怨指责推卸责任。在这个前提下，全赢难以保证。而远离受害者思维的方法，就是别问为什么，多问如何做。

✒ **体验笔记**

适时创新

俗话说："一只苍蝇毁了一锅粥"，企业在想着如何提高效能的同时，也要时刻警惕、排查团队里的不良因素，找出团队的"苍蝇"并及早处理，不然"千里之堤，毁于蚁穴"。

诺基亚，盛极一时的手机品牌，如今已被收购并正式退出手机市场。其失败原因很多，但有一点毋庸置疑，就是高管层的心态和战略集体出了问题。高管自负保守，固守品牌而不知适时创新，错失进军智能手机的绝好时机；老大心态作祟，不肯与操作系统新秀 Android 结盟；被众智能手机厂商争食份额之时，诺基亚的战略摇摆不定，不断从零开始折腾。

当时诺基亚的 CEO 艾洛普来自微软，艾洛普上任后其发展战略的反复及大家对其卧底身份的怀疑，使企业内部对他诸多不信任，甚至由股东要求董事会驱逐艾洛普。企业的高管层都如此自负、动乱，还有什么团队资本可言，企业的没落也是意料中的事情。

所以，企业要恒丰，人不是企业最大的资产，对的人才是。而一群对的人，就是强大的团队资本。

体验笔记

百思买集团（BEST BUY）

在传统的工作场所，大多是根据工作时间的长短来给报酬，但是工作时间越长，却并不代表工作效果最好。对于一家企业来说，员工的工作效率影响着企业的收入和发展。

百思买集团，全球最大家用电器和电子产品零售集团，在针对员工的工作效率方面引入了一种被称为唯效果论工作环境的做法（results-only work environment, ROWE）。

在一个项目中，每一个人的工作会根据他的工作效果来评价，而不是看他的工作时间有多长。对于百思买的员工来说，ROWE 减少了工作和家庭之间的冲突，员工能够更好地掌握自己的工作。他们不再"数着"工作了多少个小时，而是集中精力把工作做好，不管花的时间是多了还是少了。对他们来说，工作不是你要去的地方，而是你要做的事情。结果导向同时控制了对人不对事的恶性循环，让团队能更融洽地合作，不单做到了个人生产力最优化，也做到 1+1>2 的效果，实现了"员工一路"。

体验笔记

波音（BOEING）

21世纪初，波音公司（Boeing，全球航天航空业领袖公司）的业绩节节败退，此时经营奇才穆拉利（Mulally）作为总裁出手改革波音，扭转了局面。

在那时，不少重要工程师离开波音跳槽到"新经济行业"，穆拉利为此加大对技术人员的培训，出钱让他们参加各种培训项目。而且参加培训的员工无需与公司签订培训后要继续为波音效力之类的合同，也就是说，员工参加培训得到证书后大可以跳槽到其他公司，波音不会阻拦。有人会说，员工如果跳槽，那岂不是帮其他公司培训员工？但穆拉利并不这样认为，他说："波音的工程师希望得到更多的重视和赏识，我们就要为他们提供更好的机会去实现价值。"

事实证明了穆拉利此举的明智，波音员工因为感受到了公司对自己的重视和投资，看到自己的机会和未来，认清了与团队的关系和发展空间，不仅没有离开波音，反而被激发了积极性，劳动生产率由此大大提高。团队资本，就是团队结合起来的价值，也就是1+1>2的爆发力。让员工认识到自己的发展机会和空间，感受到企业对员工的重视，能使员工与团队自觉融合，发挥更大效能。

体验笔记

潮汐 APP

团队资本并不是说一个团队要有很多很多的人,而是一个团队中的成员是否有共同语言、是否各自都拥有足够的能力去实现相同的目标。

潮汐 App 研发团队,虽然只有5人,却能打造出"潮汐"这款风靡几十个国家 App Store 排行榜的好产品。即使只有5个人,但是团队极佳的契合度使得他们的效率极高。潮汐团队的产品"潮汐",是一款帮助用户放下手机,专注投入的 App,潮汐团队十分注重时间管理,在产品研发过程中贯彻了"专注"这个概念,在团队合作中,每个人在各自的专精上都可以独当一面,而配合起来又天衣无缝,实现了1+1>2的效果,这使得潮汐团队能够越走越成功。

体验笔记

体验曲线
让企业盈利恒丰的 365 个体验
EXPERIENCE WAVE

324

微软（MICROSOFT）

玩游戏是很容易上瘾的，因为在游戏体验的过程中，大脑会释放一种叫多巴胺的神经递质，会让我们变得兴奋和感觉良好，所以更有激情更加投入。而工作大多让人觉得疲倦乏味，如果把工作变为游戏，那会是怎样的情况？

微软，全球最大的电脑软件提供商，就把枯燥繁琐且任务量巨大的语言质量检测工作设计成了一个游戏。微软的软件服务全球上百个国家包括几十种不同的语言，哪怕雇到足够人手参与也花费巨大。于是测试组把这项工作设计成检测游戏让员工参与，比拼检测速度和数量，同时设有排行榜，记录各地员工检测出的错误数量。微软在全球共有四千多名员工自愿无偿参与工作，他们相互竞争比赛，共检查了五十多万个对话框，找出近七千个错误。本来乏味的工作，通过游戏的激励和反馈机制，极大地调动了员工积极性，让不可能变成了可能。团队之间是一种协作，在适当时候加入游戏元素，不但能提高个人生产力，也能强化团队效能。

✎ 体验笔记

联邦快递（FEDEX）

联邦快递作为国际性快递集团，为全球二百多个国家和地区提供涵盖运输、电子商务等在内的一系列服务，并且旗下拥有超过26万名员工，服务区域跨度之大，信息处理之复杂，是对FedEx团队效率的很大挑战。对此，联邦快递成功运用现代通讯技术手段，解决了跨越时间、空间和组织边界的多种问题，极大提高了工作效率。比如，COSMOS系统是一套全球联网的内部网络，是员工开展工作的基础工具。利用这套系统，客户可以方便地安排取货日程、追踪和确认运送路线、列印条码、建立并维护寄送清单、追踪寄送记录。而联邦快递则通过这套系统了解客户打算寄送的货物，预先得到的信息有助于运送流程的整合、货舱机位、航班的调派等。当客户打电话询问"我的邮件在哪""什么时候到"等问题时，服务人员可以借助这套系统描述邮递过程，及时回答客户问题，提高工作效率。

体验笔记

AUTOMATTIC

Automattic，互联网科技公司，旗下的 WordPress 是全球最受欢迎的博客管理系统。这家公司最独特之处，在于其颠覆了传统的员工体验设计。创始人穆伦沃格曾说："我们做的是一款开源的软件，这是一件去中心化的产品，所以把我们的员工从朝九晚五的办公模式中解放出来就顺理成章了。"

既然没有上下班时间，大多数员工就不需要有固定办公室，可以自由选择地点，远程办公。至于设备方面，员工也不需要担心，公司给每个人派发了最新款的苹果设备，协助发挥最佳的工作效能。在办公室上节省下来的钱，便成为充裕的旅行经费，让来自世界不同地方的员工都跑到一个地点，参加每年的大聚会。出席的员工，都会感受到团队是充满活力、灵感倍出的。对于招聘，Automattic 也与别人不同。

穆伦沃格认为，要开发出能够改变世界的产品，需要很长的时间，因此长期留住员工就是件非常有价值的事。所以，面试合适的准员工，会以合同工（每小时25美元的报酬）形式为 Automattic 完成一项任务，而且任务都是与求职者的入职意向相关的真实需要完成的项目。这样一来，准员工就能亲身体验 Automattic 的远程办公模式，了解自己是否真的适合这份工作。也因为这个特别的招聘环节，离职率得以控制，这是实现"员工一路"的关键。

体验笔记

第十二章
员工体验（二）团队资本

特斯拉（TESLA）

特斯拉，美国电动车及能源公司，团队的研发和创新能力关乎企业的盛衰存亡，而特斯拉能够保持创新活力，离不开其团队资本的"软件"支持：容忍失败、勇于尝试的团队精神以及"第一性原理"的思考方式。

特斯拉的创业团队主要来源于硅谷，这群领导者敢于给团队设定高目标，激发团队去创新。为了让团队敢于尝试，特斯拉在定高目标的同时还很包容员工的失败，正如特斯拉的CEO埃隆·马斯克（Elon Musk）所说："失败很正常，如果没有失败，那你还是不够创新。"再者，特斯拉团队在创新的过程中，强调"第一性原理"，也就是要从问题的本质去独立、深度地思考，而不能因为经验和比较动摇自己。

在研发早期，特斯拉遇到了电池成本高的难题，但团队没有因此放弃，而是坚定选择，通过分析试验，将成本大大降低。这样的文化和思维方式就像催化剂，时刻激发着团队作出新的突破，是宝贵的团队资本。

◆ 体验笔记

杂志 BOAT

杂志可谓是人们了解世界的一扇窗，在互联网信息流通还没那么发达的时代，杂志更是生活中的重要读物。然而，一本杂志如何能做到让全球读者对它赞赏有加？

杂志社一般都有一个固定的地址，而 Boat 杂志社虽然创立于伦敦，但是 Boat 杂志团队一年会有两次，全体打包行囊将工作室搬到一个新的城市，在那里生活、工作一个月。当他们在城市落脚之后，就会与当地的艺术家、作家、摄影家和音乐家合作，并将这一段时间的生活经历整理成有趣且独特的故事与大家分享，创作一本关于该城市的杂志。

可以说，这是一个真正会"旅行"的杂志。这也是 Boat 杂志团队为何能让每一期杂志都与众不同而又饱受赞誉的秘密。一个并不大的团队，用半年的时间来打磨一期杂志。在 Boat 杂志里，你看不到五星级酒店的推荐，只有团队以外来者的身份用心编写的旅游体验。这样的团队创造的作品自然能够吸引读者，得到读者对品牌的信赖和认可。

体验笔记

ANOMALY

大公司往往是各类人才聚集，团队庞大而雄厚，然而许多小公司其实也并非小鱼小虾，其团队的能力资本也会饱受赞誉。

ANOMALY，被称为广告公司中不太一样的"创业者"，拥有着包括百威、金宝汤、匡威、耐克、宝洁和环球唱片等众多知名客户，而且并不是一个很大的公司。ANOMALY，在纽约只有190多个人，而目前上海只有15~20个人。然而因为运作模式独特，ANOMALY的人员构成很丰富，聚集了各种人才，如广告、产品研发等等。在为客户提供解决方案时还会整合更多公司以外的专家一起来完成。那么如何聚集这么多类型的人并整合那么多资源一起成就ANOMALY的团队魅力呢？

ANOMALY上海合伙人Elvis回答了四个字："理念一致"。为客户提供解决方案，这是ANOMALY最根本的理念，他们卖的不是员工的时间，而是解决方案。一个团队能否实现1+1>2的效果，无论人数是多还是少，还是要看团队成员能否有着一致的理念。团队一致，才能发挥出更大的力量。

体验笔记

SCRUM

好的团队往往能够给企业带来源源不断的利润，然而如何让团队变得更好却并不是每家企业都能够做好的。团队是由不止一个人的成员组成，因此团队的成员在性格和思维模式上、才能上、行为方式上等都会不一样，如何管理好团队，让团队的整体力量更加强大也就极其重要。

Scrum被誉为"管理学的诺贝尔奖"，是微信、京东、华为、通用电气、Twitter一致采用的管理方法。世界级领先的全球管理咨询公司麦肯锡公司团队引入Scrum敏捷管理方法之后，工作效率提高了25%~35%，后来公司发现员工的实际工作状况，竟高于他们自己口头描述的工作状况，整个公司干劲十足。

所以，每天能做的明智决定是有限的，做出的决定越多，就越会耗损自我控制能力，然后你就会开始一路犯错，最后犯下严重错误。正如马克斯韦尔绘制的曲线所示，这些不良决定将会影响到工作效率。Scrum要求参与者摒弃那种只衡量工时的思维，因为工时只代表着一种成本。相反，企业应该更多地关注产出，而不是团队完成这个项目是否花了足够的时间。

体验笔记

第十二章
员工体验（二）团队资本

331

小米科技

每一个企业必有团队，而一个团队能否成事，要看这个团队的领导者是怎样的"人物"。换句话说，一个团队的领导者的好坏，决定了团队未来的发展趋向。

小米科技的创始人、董事长兼 CEO 雷军，便是一个绝佳的团队领导人、效率和速度的追求者。小米有一次需要大改版本，工程师不够，为了如期发布，从珠海、广州，把整个金山（雷军是金山软件有限公司的董事长）最优秀的 Android 工程师和技术人员用数架班次的航班全部空运北京，在一月之后，项目顺利完成。

小米副总裁尚进回忆说："那时候我还在金山，整个5层被抽调得空荡荡的，几个平时的朋友都被抓壮丁抓到北京去了。"小米现在能获得如此大的成功，不仅仅是因为小米旗下团队人才济济、资本雄厚，更受益于有一个雷军这样的团队领导人，能够让整个团队发挥出最大的能力。

体验笔记

中植企业集团

中植企业集团是一家多元化经营的大型民营企业集团，集团旗下业务涵盖投资、并购、资产管理和产业基金。作为民营企业，在中国这一国企当道的经营环境中，明哲保身已是不易，想要做大做强更是难上加难。但是中植集团却凭借着强大的团队资本和独特的人才管理风格，在金融业打出了响当当的名堂。中植奖罚机制很独特：单个项目净利润的20%都会分给负责的团队，但是要是一个子公司领导者不力导致连续两亏损（在国企很常见），就会直接卷铺盖走人！少了些国企的顾虑，多了些民营企业的自由和"敢拼"，明确了奋斗目标与激励机制，中植集团的团队做到了1+1>2的效果，使得中植能够在巨大的市场竞争中处于不败的地位。

中植的管理风格是"机动灵活、奖惩明确、不拘泥于形式、不过问出身"，这便使得中植的团队个个都是精英。在企业发展过程中，实现1+1>2，才是真正的团队资本雄厚！

体验笔记

第十二章
员工体验（二）团队资本

京东

员工忠诚度是构建团队资本的重要因素，在这方面，京东——中国自营式电商企业，虽然没有给员工提供最高的工资，但却给了员工最好的福利并因此收获员工极强的归属感。京东的福利可谓吃穿住行无微不至：在吃方面，员工享受就餐补贴和办公室的免费茶水饮料；在购物消费方面，京东每季度给员工派发购物福利券和团建费用；在住方面，京东提供福利公租房人才公寓，这在房价惊人的北京，尤为难得；而在行方面，京东设有几乎覆盖全北京的免费班车。非但如此，京东还表现了对女性和已为父母的员工的细致关怀，给予女性员工最多达180天的超长产假，同时设有托幼中心和儿童乐园等场所。此外，带薪病假、福利年假和公司设置的医务室、健身房、球馆等，都是员工喜欢的福利。在这种环境下工作，员工时时刻刻从衣食住行各方面感受到企业的关怀，忠诚度和归属感自然会提高，而这都会转化成为团队凝聚力，使工作效率得到提高，人际关系保持和谐。

体验笔记

绿地香港

一年伊始，很多公司都会出现员工积极性下降甚至"离家出走"的现象，那么有什么办法让员工振作士气、安心踏实工作？绿地香港，香港知名房地产公司，专门拍摄了一支名为《背影的力量》的视频广告，给员工打了一针强心剂。视频把镜头对准了职场中的员工，展现了一幕幕让人感同身受的真实瞬间：生意场上一次次烂醉和被嘲笑、下班后走着孤寂的回家路、为工作而牺牲美好家庭时光……这些镜头让员工明白，平日的劳累与付出不是徒劳的，是有目共睹的，是被公司看在眼里的；同时这些背影这些付出也是个人成长必不可少的，是企业发展所必需的。视频的后面，是董事局兼行政总裁陈军的话，一句"你要你的下属怎么做，就让他们看你怎么做"，体现了管理者的以身作则；"绿地集团的背景文化激励着我们每一位身体力行、实干奉献"是企业对员工的激励与号召，而最后一句"绿地香港，感谢有你"更是朴实的真情告白。视频和文字的不同，在于它的画面性。好比看电影和小说，前者的触动性会更强。员工上班已经对着没完没了的报告，如果再通过文字来激发人心，就会更像通告，效果大减。一个简短的视频（在3分钟内），整合了无数的感人小故事，更能引起共鸣，也有利于传播。团队资本，关键就是要凝聚力量，不管黑猫白猫，能抓老鼠就是好猫。

体验笔记

延长壳牌

很多企业以为在员工福利上必须"一视同仁",但其实"差别对待"也能让员工很开心。延长壳牌,中西部地区领先的油品销售企业,为了用有限的成本达到最大化员工的福利满意度,探索出了差异化福利模式。这个模式就是除了提供购物券、工作保险等覆盖全体员工的福利外,通过针对不同员工的不同需求,定制不同的福利。例如,对员工需求调研后,延长壳牌把所有的需求分为三大类:一类是员工家庭关怀,公司会给有子女的员工派发儿童节大礼包、母亲节给当母亲的员工献礼,以及录制父亲节专属视频等;另一类是员工个人关爱,公司从女同事喜欢的花艺教室,到运动达人热衷的夜跑,再到文艺员工喜好的读书分享,全方位满足员工个人爱好;还有一类是外部平台合作,公司与外部知名品牌互动,为员工提供实用的福利和产品,例如邀请咖啡供应商到企业内部办活动等。员工福利的目的就是用福利凝聚人心,让人心助力业务,差异化福利让员工满意,最终也会反馈到团队的效率与凝聚力上。体验,关键就是从用户出发。十根手指有长短,手套的设计也要符合掌型。福利也应视每人情况度身定做,一方面让员工感到贴心,稳固了纵向团队的关系;另一方面,差别对待也会让员工感到公平,有利于横向团队的发展。

体验笔记

华为

"从'一棵大树'到'一片森林'的改变,要统一思想,但也要耐心改良",这是华为(全球领先的民营通信科技公司)总裁任正非在华为人力资源沟通会上的讲话。

从一棵大树到一片森林的改良与培育,正是团队发展的过程,而这过程必不可少的是员工考核。对此,任正非在沟通会上提出要以责任结果为导向简化 KPI 考核。这样可以减少对过程行为的考核,更多的是考核当责和当责的结果,当瞄准结果考核的时候,KPI 就简单了,KPI 一简单,所有人的奋斗目标也就清晰了。这样的做法是适应华为自身的文化与要求的,正如任正非所说,考核要形成一种共同的奋斗精神,像过去的"胜则举杯相庆,败则拼死相救"。如果 KPI 考核不合理,会使得共同的奋斗精神弱化,形成自私,这种环境会制约华为群体奋斗、狼群战术的文化。

华为做的,就是在绩效考核中更注重结果,简化考核,让员工相互帮助相互信任,打造更适应企业战略、更高效能的团队。

体验笔记

海尔

员工工作难免有犯错的时候,如何让员工及团队接受错误并吸取教训,同时能知耻后勇地提高工作效率、质量,是值得企业思考的问题。

"6S 大脚印"是海尔(全球大型家电品牌)在加强生产现场管理方面独创的一种方法。海尔生产车间,在开班前、班后会的地方有两个大脚印,被称为"6S 大脚印",如果有谁违反了6S(整理、整顿、清扫、清洁、安全、素养)中的任意一条,下班开会的时候,就要站到大家面前的这两个脚印上,自我反省,负责人说明情况并教育批评。会议结束大家都散走后,站6S 脚印的人在得到负责人的允许后方可离开。这种基于羞耻文化心理的管理制度通过负激励,有效地规范了员工的行为,让员工犯了错误也能坦然大方地面对并自我反省,而整个团队也能引以为戒,从而提高团队的工作质量及效率。

体验笔记

小天鹅火锅

小天鹅火锅，短短两年时间里在核心团队成员的领导下战胜了全国餐饮百强的云南大滇园火锅，并一跃成为全国火锅市场营业状况最好的样板火锅企业。

小天鹅推行倒金字塔式的管理体系"老板——总经理——经理——服务员——顾客"，最高层成为了团队最前端的服务部门，在团队中淡化领导关系，师傅要尽到师傅的职责，但成员都是平等的伙伴关系，有苦一起吃、有福一起享，同时团队间"严"而有"爱"。很多地方"严"，比如坚持各项公司准则、严格执行公司各项要求，对待同事则互相帮助鼓励，这是"爱"，从而实现了团队向心力的高度集中。

小天鹅在初期生意惨淡的日子里，员工自发地 AA 制消费自家餐厅的火锅；有员工生病生活困难时，员工们会自发积极捐助；公司会在团队培训的福利中每年为员工投入15万元。在这个黄埔军校式的高效团结团队的努力下，小天鹅成为了餐饮市场的榜样。

体验笔记

茴香酒馆

位于翠湖边上的"茴香酒馆",是玩昆明夜场的人都知道的好去处,这家企业没有那些繁缛的管理制度和企业文化,有的是那种锐也内敛、藏也锋芒的玩性文化,这个"玩"字的骨子里,却是一种不可复制的团队心智文化。

在茴香酒馆这个大家庭里,没有老板和打工之分,只有团队成员的新老之分,只有怎样玩得尽兴才能工作得彻底的玩性。团队领袖李鑫蔚身上永远套着质地上乘的个性休闲服,手边永远带着最新时尚读本,从不错过大师的管理培训,总在聊天中完成一个团队最高长官应该完成的事情。虽无条条框框的设计,这个团队却井然有序地运营。这个团队一个很大特点是信任:一是团队成员间相互的高度信任,即团队成员彼此相信各自的正直、个性特点、工作能力;二是管理者对团队成员的信任,主要表现为组织过程中的透明度和公开性。创造一种支持团队建设的、开放性的组织文化更是企业发展的营养保障。玩,在很多企业眼中是不正经的,所以大部分是不容许的,但如果这个玩能团结团队,让企业可以更好地给客户兑现品牌承诺,便可作为强化团队资本的元素。

体验笔记

340

体验曲线
让企业盈利恒丰的 365 个体验
EXPERIENCE WAVE

国企

在中国,不少国企都有一个共同的痛点,那就是团队效率低下。某国企一位员工曾分享了他在国企工作时亲身经历的痛点,比如在工具的使用中,许多人不喜欢使用邮件,更不要说擅用转发和抄送了,邮件仅仅成为了转发电子文档的一个工具。当你要求对方给你发送邮件的时候,得到的更多的回复可能是:我拍张照片微信给你。而实际上,纸质文件的批复才是国企最正统的协作工具。各种申请模版、流程填写、找领导签字批复等,于是常常为了一个验收报告找十个八个人签字要耗一个月的时间,效率自然是低得可怜。除此之外,还有许多各种各样的诟病,导致了一些国企的效率低下。其实,这就是一家企业团队资本松散的表现。不但没有1+1>2的效果,甚至是相反的效果,即1+1<2!企业没有花心思去解决这些毛病,团队的力量也就难以得到巩固和提高,更别谈实现"员工一路"了。而要解决好这些问题,就要求企业改变传统的观念,将精力放在团队资本的建设上,完善团队之间的协作沟通,而不是任由团队松散推脱责任。

体验笔记

第十三章　员工体验

（三）人才梯队

梯队设计

人才梯队是"员工一路"的第三个核心,也是企业实现盈利恒丰的九个关键元素之一。美国人力资源大咖拉姆·查兰(Ram Charan)等人编写的一本书《领导梯队》The Leadership Pipeline,将人才梯队划分出七个层次,从管理自我到管理他人最后到管理公司。这梯队的设计,和传统的顶层、中层和前线,有所不同。从以职责导向的梯队到从管理角度出发,就是要提醒企业,人才梯队不只是一条楼梯,而是企业如何协助员工自我增值从而配合企业发展的过程。人才梯队也不只是对员工进行培训,而是从招聘到发展到接班人再到员工离职等整个员工的体验旅程设计。比如说,企业有好的雇主品牌,自然引来人才,但如果企业忽略了企业文化的设计,也就是"员工一路"的第一个核心,人才就对进入企业的兴趣大大降低,最终会影响到人才梯队的效果。所以,人才梯队其实是员工体验旅程+自我管理+架构设计的组合。

体验笔记

四类员工

保罗·赫塞(Paul Hersey)博士在20世纪60年代提出了"情境领导模式"(Situational Leadership, SL),认为企业不能用一成不变的方法去管理团队,而要随着情况和环境的改变及员工的不同,改变管理的方式。SL继而把员工分成四类,第一类为"没能力,没意愿并不安",第二类为"没能力,有意愿或自信",第三类为"有能力,没意愿或不安",第四类为"有能力,有意愿并自信"。相对于四种不同的员工,领导应采取不同的领导风格,从而做好员工体验,提高员工的绩效。其实,这四类员工,也反映了员工在企业的体验旅程,从新员工的不知道不知道,知道不知道,到老员工的知道知道,不知道知道,而最后一个阶段,员工已经进入了随心所欲的境界。基于这个旅程,领导便要因材施教,协助员工与企业一路成长。

体验笔记

343

体验曲线
让企业盈利恒丰的 365 个体验
EXPERIENCE WAVE

员工一路

企业要盈利恒丰,除了要做好"品牌一世"和"客户一位",还需要实现"员工一路",亦即要掌握好体验曲线。而"员工一路"的大前提,是需要有一个好的组织让员工可以依靠,所谓"良禽择木而栖"。那么,如何算是一块好木?

美国红帽(Red Hat)的 CEO 吉姆·怀特赫斯特(Jim Whitehurst)在《开放式组织:面向未来的组织管理新范式》The Open Organization 一书给了企业一个新的思考。作为一家 Linux 开源解决方案供应商,传统的由上而下的管理模式,只会限制员工的潜力,影响企业的前进。所以,开放式组织,定义为同时纳入了内部和外部积极参与的群体的组织,并可以重新启动、重新设计、重新创造的组织,一个适合这个去中心化、权力下放的数字时代的组织,就能为员工创造出最适合的环境,让他们能在其中最好地工作。基于这个由下而上全民参与的设计,开放式组织更能点燃员工激情、提高员工参与度,激励更多思想火花,帮助企业做出更好的决策,以应对变幻莫测的市场风云。九零后一般都更有个人的想法,企业要九零后甚至零零后的员工天天向上,就要尝试不同的管理模式,创造更好的员工体验,实现"员工一路"。

体验笔记

第十三章 员工体验（三）人才梯队

九类员工

《从优秀到卓越》*Good to Great* 的作者吉姆·柯林斯（Jim Collins）提出，员工是企业最重要的资产。但员工真的是企业最重要的资产？其实，十指有长短，员工也有优劣。如果企业错误投资回报低的员工，生产出来的就是负资产。所以，企业最重要的资产并不是员工，而是能给企业、给客户创造价值的员工。企业要保持竞争力，便要有系统地划分员工。

通用电气（General Electric, GE）以潜力和能力的高中低定义出九类员工。潜力代表着员工在未来的贡献，而能力就是现在的表现。这样的员工分类方式，多不胜数，比较常见的两个维度是"心"和"力"。有"心"有"力"的员工，就是企业最重要的资产，企业应该珍而重之，别让竞争对手夺取。有"心"无"力"的，只要给予适当的辅导和培训，他日就可以成为企业的核心资产。无"心"有"力"的，通常是由于人为问题，可能是办公室政治，也可能是领导管理风格。无"心"有"力"的员工算是企业里的鸡肋。如果员工的离心已决，企业应该尽快安排接替。而无"心"无"力"的员工，企业不应该姑息，应该给予辞退。不管员工有多少类型，企业都必须做好员工体验。

✒ 体验笔记

体验曲线
让企业盈利恒丰的 365 个体验
EXPERIENCE WAVE

345

绩效考核

绩效考核,是大大小小公司用来管理员工的一种方式。常见的绩效考核工具除了平衡计分卡(Balanced Score Card, BSC)、关键绩效指标、360度评估之外,还有许多评估方式,比如哈里森测评(Harrison Assessment)。然而,许多企业的绩效考核太过形式化,各种各样的考核层出不穷,好像考核越多员工就能变得越好似的,但实际上并没有什么作用,只会搞垮员工体验。

事实上,大道至简,评估只是人力管理中的一块。如果把评估放大就可能忘记了培养发展员工为企业增值的本意。做绩效考核,需要结合目标管理来做,确保每一次考核都是有意义的,而不是为了做而做,这对员工发展没有一点好处。实现"员工一路"的关键是协助员工看待企业成为第二个家,让员工真的成为企业一分子,共同为着同一个目标进发。中国连锁火锅品牌海底捞,就不设置 KPI,也没有翻台率考核,但是员工却十分卖力地工作,为企业创造好的名声成为他们发自内心的追求。其实,员工的培养并不是那么麻烦,也不需要太多繁杂多样的绩效考核,只要企业能够从员工的角度来设计员工体验旅程,员工自然能够成为企业前进的不竭动力。

✒ 体验笔记

肯德基（KFC）

传统的培训，都是一对多在教室里进行，老师讲课，同学听课，过程生硬。一些讲师为了鼓励学生交流以使上课变得更生动，便采取了1-2-7的课程设计模式，意思是10%的时间用来讲课，20%的时间小组讨论，70%的时间通过活动去实践刚刚学习的概念。

作为炸鸡连锁的肯德基，设计了一种新的培训方法——VR培训，颠覆了传统的员工培训体验。为了提高员工的炸鸡技术，肯德基利用VR技术教员工如何掌握炸鸡5步法：检查、清洗、裹面、推压、油炸。这个虚拟现实（virtual reality, VR）游戏"密室逃脱"，添加了游戏化元素，当员工佩戴VR头显进入"密室"后，肯德基的创办人就会在房间不停地像鬼般出现，员工必须要做出合格的炸鸡，才能逃出密室。在这个脑洞大开的时代，企业要不走寻常路，为新一代的年轻员工在不同的员工体验旅程里设计创新的体验。就算是普通的培训课程，也要别出心裁，协助员工提升学习兴趣，强化技能，为企业和客户增值。

体验笔记

美国环境系统研究所 ESRI

员工数量庞大在某方面代表着一个企业的规模,而企业里每一个员工的质量好坏、效率高低,关系到一个企业能否做大做强!

美国环境系统研究所公司(Environmental Systems Research Institute, Inc. 简称 ESRI 公司)是世界最大的地理信息系统技术提供商。这样庞大的公司并没有数以万计的庞大员工资源,而仅仅有4000多人。但是事实上,ESRI 公司在世界各主要国家均设有分公司或者代理,这就不得不说到它那十分精密的人才梯队培养计划。

为了培养出一个个精明能干的员工,ESRI 设计了一整套人才建设机制:第一,升级"ESRI 开发竞赛",以竞赛为纽带,促进 GIS(地理信息系统)产学研各个领域相互交流,使企业提前锁定优秀 GIS 人才的"平台"。第二,针对教师、科研人员、学生等群体的学习研究需求,ESRI 还推出了"ArcGIS(由 ESRI 出品的一个地理信息系统系列软件的总称)个人使用许可"。

为企业培养具有高超技术的员工做铺垫。ESRI 投入大量的资金,目的就是从终端人才市场就开始建设自己的人才梯队,这也让他们的员工在企业中更加有价值。企业要不断协助员工在企业的体验旅程里克服痛点,发现乐点,这就是走向"员工一路"的关键元素。

体验笔记

微软（MIRCOSOFT）

作为庞大的"软件帝国"，微软对人才有清晰的定义，也给员工自我发展提供了充足的空间。有人说，微软是"精英俱乐部"，的确如此，微软的招聘极为严苛，他们遵循"知识支配一切"、"天赋中心论"的选人模式，认为智力比经验更重要。通过严把入门关，微软团队都是极为优秀的人才。

微软还给员工充足的发展空间和动力，主管们喜欢问下属："你什么时候能接替我？"这不仅是给员工自我提升的动力和空间，还培育、强化了员工的危机意识，给员工传达的是：如果你能干，很快能升迁；如果你不能干，很快就会被解雇或降级。

微软的能人总是在不断找寻并努力培养能接替自己的人，使得那些有专业、懂技术的行家里手被提拔上来，这就构成了公司具有生命力的人才梯队。不是所有员工都是企业最重要的资产，但有心有力的员工，肯定是企业走向盈利恒丰的一大重要基因。对有心有力的员工不断激励，把其提拔到合适的位置，才能让他们发挥更大的效能，进而打造出更为强大的人才梯队。

体验笔记

三星（SAMSUNG）

三星集团，作为韩国最大的企业集团、世界一流企业，秉承着"人才第一"的核心价值观念，历任社长都把培养和投资员工放到所有工作的首位。

三星对员工有一套完整严格的培训体系，给员工提供纵横交错的课程，可以保证不同级别、不同职能的员工都能接受相应的培训。三星人力开发院是三星公司培养人才的重要基地之一，每年开办数十种课程，数百个班次，接收数万学员。对于在学习过程中有所提高的员工，公司还会给予一定的奖励，比如，如果一名员工已经学会了一门外语，那么他的薪水将自动上浮10%~15%。三星在人才培养上从来不吝投入，以三星电子公司为例，该公司每年的培训费用和教育设备投资将近一亿美元，正是三星对人才的重视和给员工提供丰富的团队资本，使得它保持着人才活力和良好的员工体验。

体验笔记

第十三章
员工体验（三）人才梯队

通用电气

"你要勤于给花草施肥浇水，如果它们茁壮成长，你会有一个美丽的花园"，通用电气公司前任CEO（Jack Welch）用这样一个形象的比喻道出了人才培养和人才梯队建设的真谛。

首先，通用电气挑人时不急于直接从市场中找有经验的人才，而是看重人才是否符合公司长期战略需要。一旦"种好了花草"后，通用电气会精心料理它的"花园"，给员工足够的资源和空间去提升自己。通用电气有强大的培训资源，旗下的克劳顿管理学院更有着商界哈佛之称，而且公司奉行的"六级人才"培训体系能分层次、有系统地对各类员工进行培养，打造了自己的人才梯队。

以第一级为例，它培训的对象是入职不久有发展前途的年轻员工，开展的是"领导基础"课程；而第六级则是以有十年以上工龄的高级企业负责人为对象的"经营者发展"课程。这样的体系，能根据企业的需求让员工分梯队发展，是企业建立团队资本的基础。

✒ 体验笔记

联邦快递(FEDEX)

联邦快递非常重视员工的个人发展,为此,公司建立了一整套"培训——选拔——角色转换"机制。FedEx 的每个岗位都有一个培训计划,比如分拣员上岗前要经过最基础的速递培训、FedEx 内网系统培训、清关代理课程以及必要的实习。培训不是流于形式,每项课程都要经过考核并记录在册,不合格的就不能上岗,不管面试时多么出色。另外,为了增加团队成员学习和发展的机会,FedEx 重视内部的公开选拔,这给员工提供了一个角色转换的良好机会。人力资源部每周都会在内部网站上更新空缺的职位,其中包括一些管理性的领导岗位,只要有实力有信心,就可以去竞聘,甚至可以与顶头上司同场竞技。这样的制度促进了优秀员工的流动和配置,让人才得到充分的展现和发展,为 FedEx 的发展提供了人才支持。培训在人才发展路径中只是一个起步,培训是为了提高员工的素质和技能,让员工得到发展,而不应该是为了培训而培训。所以,有效的培训,应该是依据员工的发展方向来安排设计,对员工来说,会带来很大的价值。

体验笔记

跨国广告公司 TBWA

TBWA，跨国广告公司，通过"颠覆"理论为客户提供极具创意的解决方案。管理学之父彼得·德鲁克认为："企业的目的只有一个，那就是创造顾客；有且只有两个基本职能，即营销和创新。"

而创新，在移动互联网时代，更是让企业致胜的关键因素。既然创新是 TBWA 给客户的核心价值，那就需要找方法激发员工的灵感。TBWA 认为创新是后天的，所以设计了三个方法协助员工获取灵感。

从员工出发的，就是只要员工的兴趣爱好与工作不冲突，便可以把自己心爱的物件，例如自行车、篮球、吉他等放在办公室，在不打扰别人的前提下，更可以带宠物一起上班。很多时候，创新的点子就在乐趣中出现。除了通过个人的爱好来推动创新思维，办公室随处可以看到给员工思考的海报，上面会有一些如"好点子，很脆弱，跟你的脊椎一样"的语句，当员工脑袋不灵活的时候，便能给员工带来源源不绝的创意空间。内部做了功夫，还要面对客户的难关。对于没被客户采纳的创意，创意人都会感到沮丧，但在 TBWA，依然会得到公司的肯定和奖励。

英文创新一词"Innovation"中的关键就是"no"，意思是对不说不，才可以包容接受更多想法。从员工的兴趣到办公室的设计再到客户的反馈处理，都去强化员工的创新能力。只能学不能教，通过鼓励员工不断地参与创新过程，给到员工不一样的体验，就是爆发创新的基础。

体验笔记

无印良品（MUJI）

人才梯队作为实现"员工一路"的三大核心元素之一，如何设计好人才梯队是企业要关注的重中之重。许多企业的员工培训大同小异，没有什么特别之处，而日本无印良品公司却在员工培训中有一套独特的方式。无印良品因其理念"好的设计，好的材料，好的工艺"受到许多消费者追捧。要创造这样一个优秀品牌，其背后的企业文化和人才培养方式扮演了十分重要的角色。

无印良品有一本很有名的店铺员工指南（MUJIGRAM），所有店铺的员工都要接受其指导。它根据一线员工和顾客的反馈总结而成，每月都会更新，严格规定了工作方方面面的细节，从服装的折叠、上架，到店内清洁和库存管理。这些工作都有明确的目的和意义，而MUJIGRAM的特点，就在于教授工作方法之前，告诉员工工作的目的。用标准化的工作指南保证基础工作的准确性和质量，对于像Muji这样的服务零售企业来说至关重要，细节之处尽显本色。

体验笔记

第十三章
员工体验（三）人才梯队

安飞士（AVIS）

企业要想一直进步，离不开员工的支持和发展，员工在与企业一路同行的路上，就像是企业的一部分，员工在进步，于是企业也在进步。

安飞士是美国第二大租车公司，它在1965年打出了一个"我是老二，所以我更努力"的广告。这不但是广告史上的经典作品之一，还非常有效，扭转了这家公司连续亏损的历史，时至今日AVIS已经发展成为引领汽车租赁业的全球性公司，缩短了与老大的距离。

半个多世纪以来，AVIS以"we try harder（再接再厉）"的经营理念性和标志性的红色在世界汽车租赁业中傲视群雄。经过半个世纪的沉淀，对于员工，AVIS也要求他们以"we try harder"的准则来工作，即使已经做得很好，仍然要以一种能做得更好的姿态来迎接接下来的工作和挑战。这样一来，AVIS始终在不断努力不断前进，不断挑战自己超越自己，这也是它能实现盈利恒丰的重要因素。

体验笔记

贝恩公司（BAIN CAPITAL）

聪明的企业，不仅能够做好员工入职的一系列人才培养，更能好好对待离职的优秀员工，因为，优秀的离职员工蕴含着巨大的潜在好处。在人才梯队建设的过程，不能少了离职员工的资源利用，而在这一点上，贝恩公司做得很到位。

针对离职员工，贝恩公司设立了旧雇员关系管理主管，负责跟踪离职员工的职业生涯变化情况，建立前雇员关系数据库，内容包括前雇员职业生涯的变化信息，甚至还包括结婚生子之类的细节。

贝恩公司于1985年创立"校友网络"，"校友"经常收到最新的校友录，并被邀请参加公司的各种活动，而且每年会收到两次关于公司长期发展、专业成就和校友们个人业绩的通讯。同时，贝恩公司还尽可能帮助这些"校友"，让他们能够在职业生涯中获得更大成就。这其实是一种双向的价值交换，公司如果期望离职员工在新的环境中提供诸多最新信息，那么公司本身必须向离职者提供具有足够价值的对等信息。对于企业来说，这可是巨大的资源！

体验笔记

保险行业

保险行业一直讲究的是人海战略，因此需要大量的销售人员来支持业务增长。销售技巧，无论是在售前、售中还是售后，自然成为新人的必修课。为了更有效协助新手循序渐进地变成老手，课程设计就不能从传统的一天课程出发，而要从发展的角度考虑。

新人1~3月的培训注重讲解销售的理念，比如人生的七张保单、寿险的意义和公用，中间还会加强销售风险的管控。4~6个月，注重新人销售流程培训，比如专业化保险销售流程（促成，转介绍，异议处理）。7~12个月，注重销售技巧的巩固和销售话术的通关、演练。超过12个月基本都会晋升，留得住的就留住了，离职的就离职了，留住的晋升后更注重的是团队管理类培训，销售技巧类的专业培训较少。

所谓十年树木百年树人，培训和发展其实是两码事。如果用培训的思维去建立有效的梯队，效果很多时候都只会事倍功半，因为培训一般都是短线的头痛医头，脚痛医脚，但人才发展则是全方位的长期的改造人。要企业盈利恒丰，不但要治标，更要治本。

体验笔记

乐视（LETV）

人才梯队的建设，培训只是其中一个环节，其他还包括招聘、升职、离职等，也就是员工的生命周期里的不同阶段。如果招聘环节出了问题，企业的问题会越来越大。

乐视曾被应聘者在脉脉上爆料：去乐视面试，却被通知在一旁等候，没有其他通知，等了一个多小时之后仍然无人理会！其后不久，便闹出了沸沸扬扬的乐视事件，乐视员工被裁的裁、辞的辞，其创始人贾跃亭也跑去美国"避难"。实际上，早有信息显示，乐视的问题不是一天两天了，尤其是在其人才梯队上面，从顶层设计上就有大问题，员工招聘、员工培训都水分不少。很多企业会认为员工是一种成本，故而每当遇上危机，便会大肆裁员降薪以保障利润。但是员工其实可以成为企业最优质的资产，关键就在于员工和企业的关系，企业能否给员工家一般的感觉，若是日常就没有为这些做好准备，又怎能要求员工在企业遭遇危机时一路相随。

体验笔记

第十三章
员工体验（三）人才梯队

华为

新干部，作为职场 PK 的暂时获胜者，自豪又紧张地从前任手里接过团队的方向盘，他们能否成功过渡关系到团队与企业的未来。华为是全球领先的通信科技公司，在管理过渡最为关键的前三个月，为新干部精心设计了"管理转身"项目，用"三把火"锤炼出优秀人才。第一把火叫角色认知，为期两个月，旨在让新干部知道自己该干什么；第二把火叫转身教练，就是给新干部安排一名管理教练，帮助其了解新环境，建立人际关系，并且辅助新职工准备与上司的五次谈话和协助其完成绩效目标的确立；第三把火是任前管理，在三个月后新干部带着学习成果参加叫做任前审视的会议，在高管团队面前汇报这阶段做了什么、改变了什么、创造了什么价值以及探讨未来的业务战略，只有优胜者才能真正成为管理者。经过这"三把火"历练的干部，将会走进五湖四海，肩负各自的使命，履行各自在人才梯队中的职能，支撑企业的发展与壮大。

📝 **体验笔记**

中兴

高校毕业生，作为招聘主力军，是企业的新鲜热血，一直是各企业争夺的重要资源，但也普遍有违约率高、离职率高的问题。中兴，全球领先的综合通信解决方案提供商，对此开展了"最优学前兵"项目，通过一系列针对签约毕业生的黏性活动，降低违约率。

中兴招聘会有一个考官责任制，通过定期沟通联系，让毕业生从考官那里形成对企业的第一好感。除此，中兴还有一系列活动和相应的激励机制，以拉近彼此距离并建立信任。

中兴 HR 团队会与毕业生一起身穿中兴 T 恤参加城市集体徒步和条幅造型摆拍活动，并且举办 Logo 大赛、主题征文等比赛。中兴还会组织师兄师姐、明星员工、部门主管给毕业生作专题分享，让其提前感受企业的文化和组织。这一系列活动都通过积分制作为激励，同时渗透了企业的方方面面，让毕业生从中体会到企业文化和价值，增强对企业的认同感和被重视的心理需求，提升了履约率。

体验笔记

第十三章
员工体验（三）人才梯队

海尔

每个企业对于人才以及人才发展都有其独特的标准与原则，海尔（全球大型家电品牌）总裁张瑞敏说："企业领导者的主要任务不是去发现人才，而是建立一个可以出人才的机制，并维持这个机制健康持久地运行。"这就形成了海尔"赛马而不相马"的人才理念，并建立了系列的赛马规则，包括三工转换制度、在位监督控制、届满轮流制度、海豚式升迁制度、竞争上岗制度等。

三工转换是指根据工作态度与效果，在优秀员工、合格员工、试用员工三种身份间动态转化，且与物质待遇高度挂钩，迫使员工为了升迁发展努力工作。

海豚式升迁是海尔培训的一大特色。海豚下潜得越深则跳得越高，海豚式升迁即提倡员工的升迁基于基层的训练，比如一个干部要负责更高层次的部门时，海尔会先让他去该岗位的基层锻炼一段时间。

这个机制把相马变为赛马，给员工提供空间去相互竞争、自求发展，充分挖掘出每个人的潜质。压力与动力并存，是海尔人才发展战略的一大特色。

体验笔记

西贝餐饮

中国除了海底捞的客服做到世界闻名之外,还有内蒙古的知名餐饮企业西贝。菜肴质量对于客户来说,其实是最基本的要求,如果连这个门槛都没法满足,企业就很难持续下去。而要做好这个基本要求,员工的培育至关重要。

西贝餐饮董事长贾国龙说:"餐饮业的核心命题,就是怎么能把人带好。"实际上人是靠"带"而不是靠"管"的。也由于管理的理念是带不是管,"成就员工"便成了西贝的核心价值观,而"帮带制",就是为了帮助员工更快成长而做的计划。在帮带过程中,最重要的是上级给下级提前熟悉要晋升的岗位,做一些晋升岗位的工作,最终实现的结果就是"到点成才",即到一个设定好的时间点,让员工成为那个位置的人才。这个机制,也一改以往企业主动给员工压力的方式,而是让员工自己自然而然地产生压力,当一个员工看着周围的人纷纷晋升,自然会产生动力。员工的成长即是企业的成长,也是"员工一路"的基本要素。

体验笔记

ions
李宁

目前,在许多企业的人才培养计划中,员工培训是很重要的一环,而培训很多时候是企业内部高管和内部讲师给员工授课,但如何确保高管更多地走向讲台,更多地参与到人才培养的过程中呢?李宁公司,中国知名运动品牌公司,是通过以下几点来完成的:

第一是确保有武器,就是为高管安排演讲及教学课程,让高管们掌握专业的讲师培训技能。

第二是早作规划,确定时间,具体采用"1+1"的方法,即确定出场的时间以及出场的备选时间。

第三是有信心,即提前帮助高管准备分享的素材,当面沟通课程重点及脉络,让高管获得反馈后尽快修改并回应。

第四是有动力,课程中注重调动其他管理者参与,让高管感觉到整个团队都在参与人才培养的工作。

第五是成就感,评选阶段及年度的最佳讲师,还有运用年会的舞台来展示,运用内刊及内网进行分享。

通过这几点,李宁给高管激励与鞭策,让管理者成为人才培养的主角,让员工及管理者共同成长。

体验笔记

363 北汽新能源

北京新能源汽车股份有限公司，中国纯电动汽车市场领军企业，获得2016年中国最佳新能源汽车企业奖。为了更好地培养员工，应对新能源汽车产业人才紧缺的现状，北汽新能源建立了6大类、38个序列、12层级的职级体系，以"价值积分"驱动职级提升，倡导工匠精神，鼓励专业价值成长，领域的首席专家可以获得高额的职业回报。

北汽新能源甚至专门成立了北汽新能源蔚蓝商学院，以数字化学习（E-learning）平台为基础，开展了13大培训项目，为员工提供从端到端的学习发展平台，并且积极邀请员工参与到关系企业重大发展及员工利益的各项政策制订中来，行使"合伙人"的职责。北汽新能源通过以上的措施以及干部公开竞聘和任期制度，努力让每位员工成为价值创造者，与企业一路相伴。

体验笔记

第十三章
员工体验（三）人才梯队

阿里巴巴

阿里巴巴，中国最大的电商集团，员工多达25000人，就如何建设高效的人才梯队，阿里建设了独特的人才盘点体系，提出了361原则：最有潜力的员工占30%，潜力一般的占60%，缺乏潜力的占10%。主管根据这个原则，自由选择时间对下属进行打分和排序。而且阿里每年将20%的人列为优秀员工，因为阿里相信这20%的员工将成为公司的正能量，这部分正能量又会激励着60%的人跟随过来。同时，优秀员工和普通员工之间的收入设定了较大的差距，这个差距激励着60%的员工努力向上，整个人才梯队就形成一个逆流，不进则退，不给懒惰消极的员工留下温床。相反地，阿里把负能量员工的比例控制在10%以内，并在适当时候干掉5%最有负能量的员工。根据这个原则，阿里打造了具有正能量、不断为企业注入活力的人才梯队。

✒ 体验笔记

魅族

创业已经成为了风气，对于企业来说，招人留人越来越难。虽说金钱不是万能的，但没钱却是万万不能的。员工在还没有达到马斯洛需求中较高层次的时候，维持生存和保障安全是必须的。

魅族科技，中国智能手机设计的领先者，为了协助员工把企业看成是第二个家并一路同行，实行内部股权激励计划，将部分股权和行权方式分配给员工，并且所有股份与公司实际控制人的股份同股同权。这一做法将企业发展与员工个人发展紧密地结合在了一起，避免了一些管理层的人员采用短期避灾的方法而忽视企业的长远利益。员工在获得股份的同时，一定意义上也成为了公司的主人，这样企业和员工共进退，员工也会不辞辛苦地为企业卖力。

全球知名人力资源管理咨询公司怡安翰威特（Aon Hewitt）认为，敬业员工的表现有三个层面：乐于宣传（say）、乐于留下（stay）和全力付出（strive）。股权激励，起码可以实现乐于留下和全力付出。

体验笔记

读书笔记

读书笔记

读书笔记

读书笔记

—— 好书是俊杰之士的心血，智读汇为您精选上品好书 ——

《解密 HRBP 发展与体系构建》这本书将全面告诉你 HR 如何成为 BP，他的真知灼见一定会助力 HRBP 的实践。

《解密 HRBP 发展与体系构建》姊妹篇，更多实战案例、工具与方案，传统 HR 向 HRBP 转型的必备工具书。

从逻辑的起点，到形式逻辑的三大基本规律和基本推理，再到 19 种逻辑谬误等概念浅近直白地呈现出来。

这是一本向 3M 光辉创新历史致敬的书，本书是对创新理论的再认识，也是对企业发展基础再思考的过程。

本书是一位阿米巴经营顾问的感悟，一本中国企业阿米巴经营落地教材，打开阿米巴经营的金钥匙。

这本《企业基因图》揭示了创业者是否具有做老板的基因，经营企业的奥秘，至少让你少走五年的弯路。

更多好书
＞＞

智读汇淘宝店　　智读汇微店

—智读汇系列精品图书诚征优质书稿—

智读汇全媒体出版中心是以"内容＋"为核心理念的教育图书出版和传播平台，与出版社及社会各界强强联手，整合一流的内容资源，多年来在业内享有良好的信誉和口碑。本出版中心是《培训》杂志理事单位，及众多培训机构、讲师平台、商会和行业协会图书出版支持单位。

向致力于为中国企业发展奉献智慧，提供培训与咨询的**培训师、咨询师、优秀的创业型企业、企业家和社会各界名流**诚征优质书稿和全媒体出版计划，同时承接讲师课程价值塑造及企业品牌形象的**音像光盘、微电影、电视讲座、创业史纪录片**等。

出版咨询：13816981508，15921181308（兼微信）

———— 好书是俊杰之士的心血，智读汇邀您呈现精彩好笔记 ————

—智读汇书友俱乐部读书笔记征稿启事—

亲爱的书友：

感谢您对智读汇及智读汇·名师书苑签约作者的支持和鼓励，很高兴与您在书海中相遇。我们倡导学以致用、知行合一，特别推出互联网时代学习与成长群。通过从读书到微课分享到线下课程与入企辅导等全方位、立体化的尊贵服务，助您突破阅读、卓越成长！

书 好书是俊杰之士的心血，智读汇为您精选上品好书。

课 首创图书售后服务，关注公众号、加入读者社群即可收听/收看作者精彩微课还有线上读书活动，聆听作者与书友互动分享。

社群 圣贤曰："物以类聚，人以群分。"这是购买、阅读好书的书友专享社群，以书会友，无限可能。

在此，我们诚挚地向您发出邀请：请您将本书的读书笔记发给我们。

同时，如果您还有珍藏的好书，并为之记录读书心得与感悟；如果你在阅读的旅程中也有一份感动与收获；如果你也和我们一样，与书为友、与书为伴……欢迎您和我们一起，为更多书友呈现精彩的读书笔记。

笔记要求：经管、社科或人文类图书原创读书笔记，字数2000字以上。

投稿邮箱：3391271633@qq.com

投稿微信：zhiduhui9

读书笔记被"智读汇书友"公众号选用即回馈精美图书1本。精美图书范围：1.智读汇已出版图书；2.京东、当当书城心仪已久的好书。每篇采用的读书笔记，两者任选1本，免费赠书（包邮）。

所有智读汇出版的图书背后，都有精品课程值得关注。欢迎咨询作者课程，希望到课堂现场聆听作者精彩分享请与我们联系，我们共同分享阅读、学习与成长的乐趣！

咨询：13816981508，15921181308（兼微信）

欢迎关注智读汇书友

● 更多精彩好课内容请登录 智读汇网：www.zduhui.com